형사소송법

Criminal Procedure Law

 신체계 최근 3개년
중요판례

해커스변호사

서문

올해의 신체계 H 최근 3개년(2021년 ~ 2024년) 중요판례 교재에는 2021년부터 2024년 6월 15일까지 대법원에서 선고된 중요한 판례들을 모두 정리하여 수록하였다.

수험의 효율성을 최우선 목표로 삼아 출제 가능성이 낮은 판례들은 처음부터 배제하여 수록하지 않았고, 2021년 이전 판례들도 과감히 삭제하여 본서가 오롯이 최신 판례의 대비로서의 역할만을 수행할 수 있도록 하였다.

최신 판례 – 특히 최근 3년간 판례 –가 시험에 출제된다는 것은 수험생 누구나 잘 알고 있는 사실이다. 이례적으로 최근 1년 사이에 반의사불벌죄에 있어서 성년후견인의 처벌불원의사표시 대리 가능 여부, 압수와 피의자 소유물, 필요적 국선, 교통사고처리특례법과 관련된 4개의 중요한 전원합의체 판결이 선고되었고, 압수와 관련된 중요한 판례들도 계속하여 선고되었다. 형사소송법에 있어 가장 중요한 쟁점들이므로 객관식 뿐만 아니라 사례형 시험 대비에도 만전을 기해야 한다.

본서의 특징은 다음과 같다.

[2025 해커스변호사 형사소송법 신체계 H 최근 3개년 중요판례] 교재의 구성

(1) 2021년부터 2024년 6월 15일까지 대법원에서 공개한 판례를 정리하였다.

(2) 선택형(객관식)으로 출제될 수 있는 판례를 O·X의 지문형으로 정리하였다.

(3) 사례형(주관식) 시험에 출제될 수 있는 쟁점을 포함한 판례의 경우 판결이유 중에 설시된 '사실관계'를 상세하게 인용하여 두었다.

(4) 사례형 및 기록형에 대비할 수 있도록 결론인 '재판'에 대한 부분을 상세히 정리하여 두었다.

(5) 해설부분의 경우 '판결요지'뿐만 아니라 판결요지만으로 판례를 이해하기 어려운 경우 '판결이유' 부분을 상세하게 인용하여 두었다.

독자들은 본서의 정리만으로 출제가 유력한 형사법 최신판례를 효율적으로 대비할 수 있을 것이고, 특히 신체계 형법강의나 신체계 H 형법/형사소송법 암기장의 독자라면 본서와 연계하여 더욱 효율적으로 시험을 준비할 수 있을 것이다. 아울러 본서와 관련된 최신판례 강의는 해커스변호사에서 7월 16일부터 수강할 수 있다.

본서의 독자들이 시험 전까지 반드시 최근판례를 정리하여 좋은 성적을 얻기를 기원한다.

2024년 6월 29일

허 정

목차

제1·2편

서론 · 수사

제1편 서론
형사소송법의 적용범위

제2편 수사
수사의 조건

| 관련판례 | – 함정수사 해당 여부 ★

[사실관계] 피고인은 인천 남동구에 있는 OO게임장을 운영하면서 2016.9.10. 15:00경 위 게임장에서 손님을 가장한 경찰관인 경사 공소외인으로부터 게임물을 이용하여 획득한 후 ① 적립한 게임점수를 환전해달라는 요구를 받고, 공소외인이 적립한 게임점수 10만 점을 8만 원으로 환전해 준 것을 비롯하여 2015.10.경부터 2016.9.19.경까지 사이에 위와 같이 게임점수를 환전해주거나, ② 손님들끼리 서로 게임점수를 매매한 경우 종업원들로 하여금 카운터에 설치된 컴퓨터의 회원관리프로그램을 이용하여 각 손님들 사이의 게임점수를 차감·적립하게 하는 방법으로 게임점수에 교환가치를 부여함으로써 손님들로 하여금 위 게임물을 이용하여 도박 그 밖의 사행행위를 하게 하거나 이를 하도록 방치하였다. 이로써 피고인은 게임물의 이용을 통하여 획득한 유·무형의 결과물인 게임점수의 환전을 업으로 하고, 손님들로 하여금 게임물을 이용하여 도박 그 밖의 사행행위를 하게 하거나 이를 하도록 방치하였다.

[대법원의 판단]

가. 게임 결과물 환전으로 인한 게임산업진흥에관한법률(이하 '게임산업법'이라 한다)위반 부분

이 사건 수사는 수사기관이 사술이나 계략 등을 써서 피고인의 범의를 유발하게 한 위법한 함정수사에 해당하므로 이 부분 공소제기는 그 절차가 법률의 규정에 위반하여 무효인 때에 해당한다고 본 원심의 판단은 정당하고, 거기에 상고이유 주장과 같이 함정수사에 관한 법리를 오해한 잘못이 없다.

나. 사행행위 조장으로 인한 게임산업법위반 부분에 관하여

경찰관 공소외인은 피고인의 게임 결과물 환전행위를 적발하기 위해 이 사건 게임장에 여러 차례에 걸쳐 잠입수사를 하였는데, 그 과정에서 2016.7.19.경 위 게임장 종업원의 제안에 따라 회원카드를 발급받아 게임점수를 적립하였을 뿐 피고인 등에게 회원카드 발급 및 게임점수 적립을 적극적으로 요구하거나 다른 손님들과 게임점수의 거래를 시도한 적은 없다. 공소외인은 함정수사가 이루어진 2016. 9. 10.에도 피고인에게 게임점수의 환전을 요구하였을 뿐 피고인에게 위와 같은 회원카드 발급 및 게임점수 적립 등을 통한 사행행위의 조장을 요구하거나 종용한 사실이 없다.

이러한 사실관계에 비추어 살펴보면, 이 부분 범행은 수사기관이 사술이나 계략 등을 써서 피고인의 범의를 유발한 것이 아니라 **이미 이루어지고 있던 범행을 적발한 것에 불과하므로**, 이에 관한 공소제기가 함정수사에 기한 것으로 볼 수 없다(대판 2021.7.29. 2017도16810).

수사의 개시

수사의 단서

01

법원이 선임한 부재자 재산관리인이 그 관리대상인 부재자의 재산에 대한 범죄행위에 관하여 법원으로부터 고소권 행사에 관한 허가를 얻은 경우 부재자 재산관리인은 형사소송법 제225조 제1항에서 정한 법정대리인으로서 적법한 고소권자에 해당한다. ○ | X

판결요지

(대판 2022.5.26. 2021도2488) 정답 | ○

02

반의사불벌죄에서 성년후견인은 의사무능력자인 피해자를 대리하여 피고인 또는 피의자에 대하여 처벌을 희망하지 않는다는 의사를 결정하거나 처벌을 희망하는 의사표시를 철회하는 행위를 할 수 있다. ○ | X

판결요지

[1] [다수의견] 반의사불벌죄에서 성년후견인은 명문의 규정이 없는 한 의사무능력자인 피해자를 대리하여 피고인 또는 피의자에 대하여 처벌을 희망하지 않는다는 의사를 결정하거나 처벌을 희망하는 의사표시를 철회하는 행위를 할 수 없다. 이는 성년후견인의 법정대리권 범위에 통상적인 소송행위가 포함되어 있거나 성년후견개시심판에서 정하는 바에 따라 성년후견인이 소송행위를 할 때 가정법원의 허가를 얻었더라도 마찬가지이다. 구체적인 이유는 아래와 같다.

(가) 형사소송법은 친고죄의 고소 및 고소취소와 반의사불벌죄의 처벌불원의사를 달리 규정하였으므로, 반의사불벌죄의 처벌불원의사는 친고죄의 고소 또는 고소취소와 동일하게 취급할 수 없다. 형사소송법은 고소 및 고소취소에 관하여, 고소권자에 관한 규정(제223조 내지 제229조), 친고죄의 고소기간에 관한 규정(제230조), 고소취소의 시한과 재고소의 금지에 관한 규정(제232조 제1항, 제2항), 불가분에 관한 규정(제233조) 등 다수의 조문을 두고 있다. 특히 형사소송법 제236조는 "고소 또는 그 취소는 대리인으로 하여금 하게 할 수 있다."라고 하여 대리에 의한 고소 및 고소취소에 관한 명시적 근거규정을 두었다. 반면 반의사불벌죄에 관하여는 형사소송법 제232조 제3항에서 "피해자의 명시한 의사에 반하여 공소를 제기할 수 없는 사건에서 처벌을 원하는 의사표시를 철회한 경우에도 제1항과 제2항을 준용한다."라고 하여 고소취소의 시한과 재고소의 금지에 관한 규정을 준용하는 규정 하나만을 두었을 뿐 반의사불벌죄의 처벌불원의사에 대하여는 대리에 관한 근거규정을 두지 않았고, 대리에 의한 고소 및 고소취소에 관한 형사소송법 제236조를 준용하는 근거규정도 두지 않았다. 친고죄와 반의사불벌죄는 피해자의 의사가 소추조건이 된다는 점에서는 비슷하지만 소추조건으로 하는 이유·방법·효과는 같다고 할 수 없다. 피고인 또는 피의자의 처벌 여부에 관한 피해자의 의사표시가 없는 경우 친고죄는 불처벌을, 반의사불벌죄는 처벌을 원칙으로 하도록 형사소송법이 달리 취급하는 것도 그 때문이라고 할 수 있다. 형사소송법이 친고죄와 달리 반의사불벌죄에 관하여 고소취소의 시한과 재고소의 금지에 관한 규정을 준용하는 규정 외에 다른 근거규정이나 준용규정을 두지 않은 것은 이러한 반의사불벌죄의 특성을 고려하여 고소 및 고소취소에 관한 규정에서 규율하는 법원칙을 반의사불벌죄의 처벌불원의사에 대하여는 적용하지 않겠다는 입법적 결단으로 이해하여야 한다.

피해자가 아닌 제3자에 의한 고소 및 고소취소 또는 처벌불원의사를 허용할 것인지 여부는 친고죄와 반의사불벌죄의 성질상 차이 외에 입법정책의 문제이기도 하다. 즉, 형사소송법은 고소에 관하여는 피해자 본인(제223조) 외에도, 법정대리인(제225조 제1항), 피해자가 사망한 경우 그 배우자·직계친족·형제자매(제225조 제2항), 사자명예훼손죄의 경우 그 친족·자손(제227조), 지정고소권자(제228조) 등 다수의 제3자에게 고소권을 인정하고, 대리에 의한 고소 및 고소취소(제236조)를 인정하면서도 반의사불벌죄에 관하여는 피해자 외에 처벌불원의사를 표시하거나 처벌을 희망하는 의사표시를 철회할 수 있는 사람을 별도로 정하지 않았고, 대리에 의한 처벌불원 의사표시를 허용하는 근거규정이나 대리고소에 관한 제236조를 준용하는 규정을 두지 않았다. 이는 반의사불벌죄에서 처벌불원 의사결정 자체는 피해자 본인이 해야 한다는 입법자의 결단이 드러난 것으로, 피해자 본인의 진실한 의사가 확인되지 않는 상황에서는 함부로 피해자의 처벌불원의사가 있는 것으로 추단해서는 아니 됨을 의미한다.

[2] 피고인이 자전거를 운행하던 중 전방주시의무를 게을리하여 보행자인 피해자 甲을 들이받아 중상해를 입게 하였다는 교통사고처리 특례법 위반(치상)의 공소사실로 기소되었고, 위 사고로 의식불명이 된 甲에 대하여 성년후견이 개시되어 성년후견인으로 甲의 법률상 배우자 乙이 선임되었는데, 乙이 피고인 측으로부터 합의금을 수령한 후 제1심 판결선고 전에 甲을 대리하여 처벌불원의사를 표시한 사안에서, 위 특례법 제3조 제2항에서 차의 운전자가 교통사고로 인하여 범한 업무상과실치상죄는 '피해자의 명시적인 의사'에 반하여 공소를 제기할 수 없도록 규정하여 문언상 그 처벌 여부가 '피해자'의 '명시적'인 의사에 달려 있음이 명백하므로, 乙이 甲을 대신하여 처벌불원의사를 형성하거나 결정할 수 있다고 해석하는 것은 법의 문언에 반한다고 한 사례(대판(전) 2023.7.17. 2021도11126).❶

정답 | ✕

| 관련판례 | – 처벌불원의 의사표시를 할 수는 있는 자에 해당하지 않는 경우

교통사고로 의식을 회복하지 못하고 있는 피해자의 아버지가 피해자를 대리하여 처벌을 희망하지 아니한다는 의사를 표시하는 것은 허용되지 아니할 뿐만 아니라 피해자가 성년인 이상 의사능력이 없다는 것만으로 피해자의 아버지가 당연히 법정대리인이 된다고 볼 수도 없으므로, 피해자의 아버지가 처벌을 희망하지 아니한다는 의사를 표시하였더라도 소송법적으로 효력이 발생할 수 없다(대판 2013.9.26. 2012도568).

[판례해설] 대법원은 본 건의 경우 제26조와 제225조가 적용될 수 없다는 것이 판례의 취지이다.❷

---

❶ 2023. 7. 1. 시행된 대법원 양형기준은 '처벌불원' 또는 '합의'의 지위를 범죄별로 차등하여 규정하고, 정의 규정을 새롭게 정비함으로써 처벌불원과 합의의 양형인자로서의 기능을 체계적으로 세분화하였다. 새로 시행된 형사공탁제도는 인적사항이 특정되지 않은 상황에서도 피해자에 대한 공탁을 가능하게 함으로써 피해자의 보호라는 형사사법의 목적을 훼손하지 않으면서 피해회복과 유리한 양형인자를 확보할 수 있게 하였다. 이러한 제도적 변화까지 고려하면, 양형기준을 포함한 현행 형사사법 체계 아래에서 성년후견인이 의사무능력자인 피해자를 대리하여 피고인 또는 피의자와 합의를 한 경우에는 이를 소극적인 소추조건이 아니라 양형인자로서 고려하면 충분하다(대판(전) 2023.7.17. 2021도11126).

❷ 제26조(의사무능력자와 소송행위의 대리) 형법 제9조 내지 제11조의 규정의 적용을 받지 아니하는 범죄사건(예 : 담배사업법위반사건)에 관하여 피고인 또는 피의자가 의사능력이 없는 때에는 그 법정대리인이 소송행위를 대리한다.
제225조(비피해자인 고소권자) ① 피해자의 법정대리인은 독립하여 고소할 수 있다.

03

도로상에 안전표지로 표시한 노면표시 중 진로변경제한선 표시인 백색실선이 「교통사고처리 특례법」 제3조 제2항 단서 제1호에서 정하고 있는 '통행금지를 내용으로 하는 안전표지'에 해당하여 이를 침범하여 교통사고를 일으킨 운전자에 대하여 「교통사고처리 특례법」 제3조 제2항 본문의 반의사불벌죄 규정 및 제4조 제1항의 종합보험 가입특례 규정의 적용이 배제된다. **O | X**

판결요지

[1] 진로변경을 금지하는 안전표지인 백색실선은 「교통사고처리 특례법」 (이하 '교통사고처리법'이라 한다) 제3조 제2항 단서 제1호❸ (이하 단서 각호의 규정을 '처벌특례 배제사유'라 하고 그중 제1호를 '단서 제1호'라 한다)에서 정하고 있는 '통행금지를 내용으로 하는 안전표지'에 해당하지 않으므로, 이를 침범하여 교통사고를 일으킨 운전자에 대하여는 처벌특례가 적용된다고 보아야 한다. 구체적인 이유는 다음과 같다.

가. 단서 제1호는 '안전표지' 위반의 경우 '통행금지 또는 일시정지'를 내용으로 하는 안전표지를 위반하는 경우로 그 적용 범위를 한정하고 있다. 그런데 도로교통법 시행규칙 제8조 제2항 [별표 6] Ⅱ. 개별기준 제5호 중 일련번호 506(진로변경제한선 표시)에 따르면 백색실선은 교차로 또는 횡단보도 등 차의 진로변경을 금지하는 도로구간에 설치하여 통행하고 있는 차의 진로변경을 제한하는 것을 표시하는 안전표지이다. 도로교통법 제6조는 시·도경찰청장이나 경찰서장은 각 요건에 따라 보행자, 차마 또는 노면전차의 통행을 금지하거나 제한할 수 있고, 그 경우에는 도로관리청에 그 사실을 알리고 도로관리자와 협의하며, 통행금지·제한 사실을 공고하도록 규정하고 있다. 도로교통법 시행규칙 제10조 제1항 [별표 8]을 비롯하여 같은 규칙 제10조는 그 공고의 구체적인 방법을 규정하고 있으며, 차마의 통행이 금지되는 경우에 관한 안전표지를 만드는 방식, 규격, 설치기준 및 장소, 통행금지구간·기간 및 이유를 명시한 보조표지에 대하여는 도로교통법 시행규칙 제8조 제2항 [별표 6]이 구체적으로 규정하고 있다(위 별표 Ⅱ. 개별기준 제2호 나목 일련번호 201 내지 207, 210 등). 그런데 진로변경금지의 경우 그 금지 사실을 도로관리청에 알리거나 공고하도록 하는 등의 규정을 두고 있지 않다. 진로변경을 금지하는 안전표지인 백색실선은 도로교통법 시행규칙 제8조 제2항 [별표 6]에 안전표지의 하나로 규정되어 있기는 하나, 통행금지 안전표지와 달리 규제표지가 아닌 노면표시 항목(위 별표 Ⅱ. 개별기준 제5호 중 일련번호 506)에 규정되어 있을 뿐만 아니라, 금지구간·기간 및 이유를 명시한 보조표지에 관한 규정이 존재하지 않으며, '도로표지의 종류', '표시하는 뜻', '설치기준 및 장소'에 '진로변경을 제한 또는 금지한다'는 취지의 기재가 있을 뿐 '통행을 금지한다'는 취지가 기재되어 있지 않아 일반적인 통행금지 안전표지와는 달리 취급되고 있다.

나. 도로교통법 제6조 제1항은 '도로에서의 위험을 방지하고 교통의 안전과 원활한 소통을 확보하기 위하여 필요하다고 인정한 때'에는 '구간을 정하여 통행을 금지하거나 제한'할 수 있도록 규정하는 한편, 통행금지 또는 제한을 위반한 행위를 같은 법 제156조 제2호에 따라 처벌하고 있다. 반면 도로교통법 제14조 제5항 본문은 '안전표지가 설치되어 특별히 진로변경이 금지된 곳에서는 차마의 진로를 변경하여서는 아니 된다'고 규정하는 한편, 진로변경금지나 제한을 위반한 행위를 같은 법 제156조

---

❸ **제3조(처벌의 특례)** ① 차의 운전자가 교통사고로 인하여 「형법」 제268조의 죄를 범한 경우에는 5년 이하의 금고 또는 2천만원 이하의 벌금에 처한다.
② 차의 교통으로 제1항의 죄 중 업무상과실치상죄(業務上過失致傷罪) 또는 중과실치상죄(重過失致傷罪)와 「도로교통법」 제151조의 죄를 범한 운전자에 대하여는 피해자의 명시적인 의사에 반하여 공소(公訴)를 제기할 수 없다. 다만, 차의 운전자가 제1항의 죄 중 업무상과실치상죄 또는 중과실치상죄를 범하고도 피해자를 구호(救護)하는 등 「도로교통법」 제54조제1항에 따른 조치를 하지 아니하고 도주하거나 피해자를 사고 장소로부터 옮겨 유기(遺棄)하고 도주한 경우, 같은 죄를 범하고 「도로교통법」 제44조제2항을 위반하여 음주측정 요구에 따르지 아니한 경우(운전자가 채혈 측정을 요청하거나 동의한 경우는 제외한다)와 다음 각 호의 어느 하나에 해당하는 행위로 인하여 같은 죄를 범한 경우에는 그러하지 아니하다.
1. 「도로교통법」 제5조에 따른 신호기가 표시하는 신호 또는 교통정리를 하는 경찰공무원등의 신호를 위반하거나 통행금지 또는 일시정지를 내용으로 하는 안전표지가 표시하는 지시를 위반하여 운전한 경우

제1호에 따라 처벌하고 있다. 도로교통법 제156조가 제1호와 제2호의 위반 행위에 대하여 동일한 형을 정하고 있기는 하나, 도로교통법은 **통행금지와 진로변경금지를 구분하여 규율**하면서 **처벌 체계를 달리**하고 있으므로, 통행금지와 진로변경금지에 관하여 서로 다른 금지규범을 규정한 것으로 보아야 한다. 따라서 진로변경금지 위반을 통행금지 위반으로 보아 단서 제1호에 해당한다고 보는 것은 문언의 객관적인 의미를 벗어나 피고인에게 불리한 해석을 하는 것이다.

다. 단서 제1호가 규율하는 것은 크게 신호위반, 통행금지를 내용으로 하는 안전표지 지시위반, 일시정지를 내용으로 하는 안전표지 지시위반의 세 가지이다. 신호위반이나 일시정지 지시위반의 경우에는 도로교통법규의 문언만으로도 비교적 명확하게 그 해당 여부를 알 수 있다. 통행금지의 경우에도, 도로교통법(제15조 제3항)이 직접 정해진 차종 이외의 통행을 금지하고 있는 전용차로 구분선이나, 도로교통법 시행규칙 제8조 제2항 [별표 6] II. 개별기준 제2호 나목 일련번호 201 내지 207, 210, 211 등과 같이 위 별표의 도로표지 도안이나 '표시하는 뜻', '설치기준 및 장소' 등에 '통행금지' 또는 '진입금지'라는 문언이 사용된 경우에는 단서 제1호에 포함된다고 볼 수 있다. 반면 이 사건에서 문제가 된 진로변경제한선과 같이 해당 표지에 위반하여 진로를 변경하는 것 자체는 금지되어 있으나, 진로를 변경한 이후 해당 방향으로의 계속 진행이 가능한 경우 그 위반행위를 '통행방법제한'을 위반한 것으로 볼 수는 있어도, 법문언에서 말하는 '통행금지위반'으로 볼 수는 없다.

라. 교통사고처리법 제정 당시부터 현재까지 단서 제1호의 문언은 거의 변동이 없다. 그런데 교통사고처리법 제정 당시 시행되고 있던 구 도로교통법 시행규칙(1982. 6. 21. 내무부령 제376호로 개정되기 전의 것)은 노면표시의 하나로 진로변경제한선을 규정하고 있지 않았다. 그렇다면 입법자는 교통사고처리법을 제정하면서 진로변경을 금지하는 백색실선을 단서 제1호의 '통행금지를 내용으로 하는 안전표지'로 고려하지 않았다고 보는 것이 합리적이다.

마. 진로변경을 금지하는 안전표지인 백색실선이 설치된 교량이나 터널에서 백색실선을 넘어 앞지르기를 하는 경우에는 별도의 처벌특례 배제사유가 규정되어 있으므로(교통사고처리법 제3조 제2항 단서 제4호), 백색실선을 '통행금지를 내용으로 하는 안전표지'로 보지 않는다고 하여 중대 교통사고의 발생 위험이 크게 증가한다고 보기는 어렵다.

바. 청색실선으로 전용차로가 구분되어 있는 경우, 전용차로 표시에 관한 도로교통법 시행규칙 제8조 제2항 [별표 6] II. 개별기준 제5호 중 일련번호 504에 따르면, 전용차로제가 시행되지 않는 시간대에는 전용차로와 일반차로를 구분하는 청색실선을 위 제5호 중 일련번호 503의 차선표시로 보게 되므로 이 시간대에는 백색실선과 동일한 의미를 가진다. 그런데 백색실선을 단서 제1호에서 규정하는 '통행금지를 내용으로 하는 안전표지'로 볼 경우, 전용차로제가 시행되는 시간대는 물론 전용차로제가 시행되지 않는 시간대에도 일반 차량의 운전자가 청색실선을 넘어 진로를 변경하는 과정에서 교통사고가 발생하면 처벌특례의 적용을 받을 수 없는 문제가 있다.

2. 이와 달리 도로교통법 제14조 제5항에 따라 통행하고 있는 차의 진로변경을 금지하는 안전표지인 백색실선이 단서 제1호에서 규정하는 '통행금지를 내용으로 하는 안전표지'에 해당한다고 판단한 대법원 2004. 4. 28. 선고 2004도1196 판결 등은 이 판결의 견해에 배치되는 범위 내에서 변경하기로 한다(대판(전) 2024.6.20. 2022도12175).❹

[사실관계] 피고인은 백색실선을 침범하여 1차로에서 2차로로 진로를 변경한 업무상 과실로, 2차로를 따라 진행하던 개인택시가 추돌을 피하기 위해 갑자기 정지하였고, 이로 인하여 택시 승객인 피해자가 약 2주간의 치료가 필요한 상해를 입었다는 교통사고처리법 위반(치상)죄로 기소됨.

[판례해설] 원심은, 도로면의 백색실선이 단서 제1호에서 정한 '통행금지를 내용으로 하는 안전표지'에 해당하지 않고, 피고인이 운전한 승용차가 자동차종합보험에 가입되어 있었으므로 이 사건 공소

---

❹ 변호사시험의 경우 교통사고처리특례법은 매우 중요한 쟁점에 해당한다. 본 전원합의체판결의 경우 기록형 시험에 매우 유력하므로 사실관계 및 그 효과로서 교특법 제3조 제2항 단서가 적용되지 않고 제4조 보험처리특례가 적용되어 검사의 기소는 공소기각판결을 받게 된다는 결론을 반드시 기억해두어야 한다.

제기의 절차가 법률의 규정을 위반하여 무효인 때에 해당한다는 이유로 이 사건 공소를 기각한 제1 심판결을 그대로 유지하였음. 대법원은 전원합의체 판결을 통하여 위와 같은 법리를 설시하면서, 백색실선은 단서 제1호에서 정하고 있는 '통행금지를 내용으로 하는 안전표지'에 해당한다고 볼 수 없다고 판단하고, 이와 다른 입장에 있던 2004. 4. 28. 선고 2004도1196 판결 등을 변경하면서 이 사건 공소를 기각한 원심판단을 수긍하여 검사의 상고를 기각함.   정답 Ⅰ ✕

임의수사

★04 판례에 의할 때 다음 기술의 옳고 그름을 판단하라.

(1) 검사는 조사실에서 피의자를 신문할 때 해당 피의자에게 보호장비 착용을 강제해야할 특별한 사정이 없는 이상 교도관에게 보호장비의 해제를 요청할 의무가 있고, 교도관은 이에 응하여야 한다.   ㅇ | x

(2) 검사 또는 사법경찰관이 구금된 피의자를 신문할 때 피의자 또는 변호인으로부터 보호장비를 해제해 달라는 요구를 받고도 거부한 조치는 형사소송법 제417조(준항고)에서 정한 '구금에 관한 처분'에 해당한다고 보아야 한다.   ㅇ | x

(3) 검사 또는 사법경찰관이 변호인이 피의자신문 중에 부당한 신문방법(피의자신문절차에서 인정신문 시작 전 피의자 또는 변호인으로부터 피의자에 대한 수갑 해제를 요청받았음에도, 교도관에게 수갑을 해제하여 달라고 요청하지 않은 검사)에 대한 이의제기를 하였다는 이유만으로 변호인을 조사실에서 퇴거시키는 조치는 정당한 사유 없이 변호인의 피의자신문 참여권을 제한하는 것으로서 허용될 수 없다.   ㅇ | x

판결요지

[1] 구금된 피의자는 도주, 자해, 다른 사람에 대한 위해 등 형집행법 제97조 제1항 각호에 규정된 사유에 해당하지 않는 이상 보호장비 착용을 강제당하지 않을 권리를 가진다. 검사는 조사실에서 피의자를 신문할 때 해당 피의자에게 그러한 특별한 사정이 없는 이상 교도관에게 보호장비의 해제를 요청할 의무가 있고, 교도관은 이에 응하여야 한다.

[2] 형사소송법 제417조는 검사 또는 사법경찰관의 '구금에 관한 처분'에 불복이 있으면 법원에 그 처분의 취소 또는 변경을 청구할 수 있다고 규정하고 있다. 검사 또는 사법경찰관이 구금된 피의자를 신문할 때 피의자 또는 변호인으로부터 보호장비를 해제해 달라는 요구를 받고도 거부한 조치는 형사소송법 제417조에서 정한 '구금에 관한 처분'에 해당한다고 보아야 한다.

[3] 형사소송법 제243조의2 제3항 단서는 피의자신문에 참여한 변호인은 신문 중이라도 부당한 신문방법에 대하여 이의를 제기할 수 있다고 규정하고 있으므로, 검사 또는 사법경찰관의 부당한 신문방법에 대한 이의제기는 고성, 폭언 등 그 방식이 부적절하거나 또는 합리적 근거 없이 반복적으로 이루어지는 등의 특별한 사정이 없는 한, 원칙적으로 변호인에게 인정된 권리의 행사에 해당하며, 신문을 방해하는 행위로는 볼 수 없다. 따라서 검사 또는 사법경찰관이 그러한 특별한 사정 없이, 단지 변호인이 피의자신문 중에 부당한 신문방법(피의자신문절차에서 인정신문 시작 전 피의자 또는 변호인으로부터 피의자에 대한 수갑 해제를 요청받았음에도, 교도관에게 수갑을 해제하여 달라고 요청하지 않은 검사)에 대한 이의제기를 하였다는 이유만으로 변호인을 조사실에서 퇴거시키는 조치는 정당한 사유 없이 변호인의 피의자신문 참여권을 제한하는 것으로서 허용될 수 없다(대결 2020.3.17. 2015모2357).   정답 Ⅰ (1) ㅇ, (2) ㅇ, (3) ㅇ

체포와 구속

05 법관이 검사의 청구에 의하여 체포된 피의자의 구금을 위한 구속영장을 발부하면 검사와 사법경찰관리는 지체 없이 신속하게 구속영장을 집행하여야 한다. 피의자에 대한 구속영장의 제시와 집행이 그 발부 시로부터 정당한 사유 없이 시간이 지체되어 이루어졌다면, 구속영장이 그 유효기간 내에 집행되었다고 하더라도 위 기간 동안의 체포 내지 구금 상태는 위법하다. O | X

> **판결요지**
>
> [1] 법관이 검사의 청구에 의하여 체포된 피의자의 구금을 위한 구속영장을 발부하면 검사와 사법경찰관리는 지체 없이 신속하게 구속영장을 집행하여야 한다. 피의자에 대한 구속영장의 제시와 집행이 그 발부 시로부터 정당한 사유 없이 시간이 지체되어 이루어졌다면, 구속영장이 그 유효기간 내에 집행되었다고 하더라도 위 기간 동안의 체포 내지 구금 상태는 위법하다.
>
> [2] 피고인에 대한 구속영장이 2020.2.8. 발부되고 피고인에 대한 구속영장 청구 사건의 수사관계 서류와 증거물이 같은 날 17:00경 검찰청에 반환되어 그 무렵 검사의 집행지휘가 있었는데도, 사법경찰리는 그로부터 만 3일 가까이 경과한 2020.2.11. 14:10경 구속영장을 집행하였으므로 사법경찰리의 피고인에 대한 구속영장 집행은 지체 없이 이루어졌다고 볼 수 없고, 위 '구속영장 집행에 관한 수사보고'상의 사정(피고인에 대한 사건 담당자가 그날 외근 수사 중이었기 때문에 부득이 2020.2.11. 구속영장을 집행하였다.'는 취지로 작성됨)은 구속영장 집행절차 지연에 대한 정당한 사유에 해당한다고 보기도 어려우므로 정당한 사유 없이 지체된 기간 동안의 피고인에 대한 체포 내지 구금 상태는 위법하다고 할 것이다. 다만 판결내용 자체가 아니고 피고인의 신병확보를 위한 구금 등의 처분에 관한 절차가 법령에 위반된 경우에는, 그 구금 등의 처분에 대하여 형사소송법 제417조에 따라 법원에 그 처분의 취소 또는 변경을 청구하는 것은 별론으로 하고 그로 인하여 피고인의 방어권, 변호권이 본질적으로 침해되고 판결의 정당성마저 인정하기 어렵다고 보여지는 정도에 이르지 아니하는 한, 그 구금 등의 처분이 위법하다는 것만으로 판결 결과에 영향이 있어 독립한 상고이유가 된다고 할 수 없다(대판 2021.4.29. 2020도16438). **정답 | O**

★★★
06 피고인에 대한 체포가 체포영장과 관련 없는 새로운 피의사실인 특수공무집행방해치상을 이유로 별도의 현행범 체포 절차에 따라 진행된 이상, 집행 완료에 이르지 못한 체포영장을 사후에 피고인에게 제시할 필요는 없다. O | X

> **판결요지**
>
> [1] 검사 또는 사법경찰관이 체포영장을 집행할 때에는 피의자에게 반드시 체포영장을 제시하여야 한다. 다만 체포영장을 소지하지 아니한 경우에 급속을 요하는 때에는 피의자에게 범죄사실의 요지와 영장이 발부되었음을 고하고 체포영장을 집행할 수 있다. 이 경우 집행을 완료한 후에는 신속히 체포영장을 제시하여야 한다(형사소송법 제200조의6, 제85조 제1항, 제3항, 제4항).
>
> [2] 원심은, ① 피고인에 대해 성폭법 위반(비밀준수등) 범행으로 체포영장이 발부되어 있었던 사실, ② '피고인의 차량이 30분 정도 따라온다'는 내용의 112신고를 받고 현장에 출동한 경찰관들이 승용차에 타고 있던 피고인의 주민등록번호를 조회하여 피고인에 대한 체포영장이 발부된 것을 확인한 사실, ③ 경찰관들이 피고인에게 '성폭법위반으로 수배가 되어 있는바, 변호인을 선임할 수 있고

묵비권을 행사할 수 있으며, 체포적부심을 청구할 수 있고 변명의 기회가 있다'고 고지하며 하차를 요구한 사실을 인정한 후, 이 사건 당시 경찰관들이 체포영장을 소지할 여유 없이 우연히 그 상대방을 만난 경우로서 체포영장의 제시 없이 체포영장을 집행할 수 있는 '급속을 요하는 때'에 해당하므로, 경찰관들이 체포영장의 제시 없이 피고인을 체포하려고 시도한 행위는 적법한 공무집행이라고 판단하였다. 나아가 원심은, 위와 같이 경찰관들이 체포영장을 근거로 체포절차에 착수하였으나 피고인이 흥분하며 타고 있던 승용차를 출발시켜 경찰관들에게 상해를 입히는 범죄를 추가로 저지르자, 경찰관들이 위 승용차를 멈춘 후 저항하는 피고인을 별도 범죄인 특수공무집행방해치상의 현행범으로 체포한 사실을 인정한 후, 이와 같이 경찰관이 체포영장에 기재된 범죄사실이 아닌 새로운 피의사실인 특수공무집행방해치상을 이유로 피고인을 현행범으로 체포하였고, 현행범 체포에 관한 제반 절차도 준수하였던 이상 피고인에 대한 체포 및 그 이후 절차에 위법이 없다고 판단한 후, 이 사건 공소사실을 유죄로 판단한 제1심판결을 그대로 유지하였다. 원심이 든 위 사정들과 함께 이 사건 당시 체포영장에 의한 체포절차가 착수된 단계에 불과하였고, 피고인에 대한 체포가 체포영장과 관련 없는 새로운 피의사실인 특수공무집행방해치상을 이유로 별도의 현행범 체포 절차에 따라 진행된 이상, 집행 완료에 이르지 못한 체포영장을 사후에 피고인에게 제시할 필요는 없는 점까지 더하여 보면, 피고인에 대한 체포절차가 적법하다는 원심의 판단이 타당하다(대판 2021.6.4. 2021도4648).

정답 I ○

07 수사기관이 외국인을 체포하거나 구속하면서 지체 없이 영사통보권 등이 있음을 고지하지 않더라도, 그 체포나 구속 절차는 위법하지 않다. O | X

판결요지

[1] 영사관계에 관한 비엔나협약 제36조 제1항 (b)호, 경찰수사규칙 제91조 제2항, 제3항이 외국인을 체포·구속하는 경우 지체 없이 외국인에게 영사통보권 등이 있음을 고지하고, 외국인의 요청이 있는 경우 영사기관에 체포·구금 사실을 통보하도록 정한 것은 외국인의 본국이 자국민의 보호를 위한 조치를 취할 수 있도록 협조하기 위한 것이다. 따라서 수사기관이 외국인을 체포하거나 구속하면서 지체 없이 영사통보권 등이 있음을 고지하지 않았다면 체포나 구속 절차는 국내법과 같은 효력을 가지는 협약 제36조 제1항 (b)호를 위반한 것으로 위법하다.
[2] 사법경찰관이 인도네시아 국적의 외국인 피고인을 출입국관리법 위반의 현행범인으로 체포하면서 소변과 모발을 임의제출 받아 압수하였고, 소변검사 결과에서 향정신성의약품인 MDMA(일명 엑스터시) 양성반응이 나오자 피고인은 출입국관리법 위반과 마약류 관리에 관한 법률 위반(향정) 범행을 모두 자백한 후 구속되었는데, 피고인이 검찰 수사 단계에서 자신의 구금 사실을 자국 영사관에 통보할 수 있음을 알게 되었음에도 수사기관에 영사기관 통보를 요구하지 않은 사안에서, 사법경찰관이 체포 당시 피고인에게 영사통보권 등을 지체 없이 고지하지 않은 위법이 있으나, 제반 사정을 종합하면 피고인이 영사통보권 등을 고지받더라도 영사의 조력을 구하였으리라고 보기 어렵고, 수사기관이 피고인에게 영사통보권 등을 고지하지 않았더라도 그로 인해 피고인에게 실질적인 불이익이 초래되었다고 볼 수 없어 피고인에게 영사통보권 등을 고지하지 않은 사정이 수사기관의 증거 수집이나 이후 공판절차에 상당한 영향을 미쳤다고 보기 어려우므로, 절차 위반의 내용과 정도가 중대하거나 절차 조항이 보호하고자 하는 외국인 피고인의 권리나 법익을 본질적으로 침해하였다고 볼 수 없어 체포나 구속 이후 수집된 증거와 이에 기초한 증거들은 유죄 인정의 증거로 사용할 수 있다 (대판 2022.4.28. 2021도17103).

정답 I X

압수 · 수색 · 검증

★★★
08   판례에 의할 때 다음 기술의 옳고 그름을 판단하라.

(1) 피의자 등에 대하여 절차 참여를 보장한 취지가 실질적으로 침해되지 않았다고 볼 수 있는 특별한 사정이 있는 경우라도 압수 · 수색을 적법하다고 평가할 수 없다.   O | X

(2) 피의자 등에 대하여 절차 참여를 보장한 취지가 실질적으로 침해되지 않았다고 볼 수 있는 특별한 사정이 없는 경우라도 후에 법원으로부터 영장이 발부되었거나 피고인이나 변호인이 이를 증거로 함에 동의하면 위법성이 치유될 수 있다.   O | X

판결요지

[1] 강제수사는 범죄수사 목적을 위하여 필요 최소한의 범위 내에서만 이루어져야 하므로(형사소송법 제199조 제1항), 수사기관의 압수 · 수색 또한 범죄수사에 필요한 경우에 한하여 피의자가 죄를 범하였다고 의심할 만한 정황이 있고 해당 사건과 관계가 있다고 인정할 수 있는 것에 한정하여 이루어져야 한다(형사소송법 제215조). 수사기관이 압수 또는 수색을 할 때에는 처분을 받는 사람에게 반드시 적법한 절차에 따라 법관이 발부한 영장을 사전에 제시하여야 하고(헌법 제12조 제3항 본문, 형사소송법 제219조 및 제118조), 피의자 · 피압수자 또는 변호인(이하 '피의자 등'이라 한다)은 압수 · 수색영장의 집행에 참여할 권리가 있으므로(형사소송법 제219조, 제121조), 수사기관이 압수 · 수색영장을 집행할 때에도 원칙적으로 피의자 등에게 미리 집행의 일시와 장소를 통지하여야 한다(형사소송법 제219조, 제122조). 한편 수사기관은 압수영장을 집행한 직후에 압수목록을 곧바로 작성하여 압수한 물건의 소유자 · 소지자 · 보관자 기타 이에 준하는 사람에게 교부하여야 한다(형사소송법 제219조, 제129조). 헌법과 형사소송법이 정한 이러한 규정의 체계 · 내용을 종합하여 보면, 압수 · 수색영장은 수사기관의 범죄수사 목적을 위하여 필요한 최소한의 범위 내에서만 신청 · 청구 · 발부되어야 하고, 이를 전제로 한 수사기관의 압수 · 수색영장 집행에 대한 사전적 통제수단으로, ① 압수 · 수색의 대상자에게 집행 이전에 반드시 영장을 제시하도록 함으로써 법관이 발부한 영장 없이 압수 · 수색을 하는 것을 방지하여 영장주의 원칙을 절차적으로 보장하고, 압수 · 수색영장에 기재된 물건 · 장소 · 신체에 한정하여 압수 · 수색이 이루어질 수 있도록 함으로써 개인의 사생활과 재산권의 침해를 최소화하며, ② 피의자 등에게 미리 압수 · 수색영장의 집행 일시와 장소를 통지함으로써 압수 · 수색영장의 집행 과정에 대한 참여권을 실질적으로 보장하고, 나아가 압수 · 수색영장의 집행 과정에서 피의사실과 관련성이 있는 압수물의 범위가 부당하게 확대되는 것을 방지함으로써 영장 집행절차의 적법성 · 적정성을 확보하도록 하였다. 또한 수사기관의 압수 · 수색영장 집행에 대한 사후적 통제수단 및 피의자 등의 신속한 구제절차로 마련된 준항고 등(형사소송법 제417조)을 통한 불복의 기회를 실질적으로 보장하기 위하여 수사기관으로 하여금 압수 · 수색영장의 집행을 종료한 직후에 압수목록을 작성 · 교부할 의무를 규정하였다.

[2] 헌법과 형사소송법이 정한 절차와 관련 규정, 그 입법 취지 등을 충실히 구현하기 위하여, 수사기관은 압수 · 수색영장의 집행기관으로서 피압수자로 하여금 법관이 발부한 영장에 의한 압수 · 수색이라는 강제처분이 이루어진다는 사실을 확인할 수 있도록 형사소송법이 압수 · 수색영장에 필요적으로 기재하도록 정한 사항이나 그와 일체를 이루는 내용까지 구체적으로 충분히 인식할 수 있는 방법으로 압수 · 수색영장을 제시하여야 하고, 증거인멸의 가능성이 최소화됨을 전제로 영장 집행 과정에 대한 참여권이 충실히 보장될 수 있도록 사전에 피의자 · 피압수자 또는 변호인(이하 '피의자 등'이라 한다)에 대하여 집행 일시와 장소를 통지하여야 함은 물론 피의자 등의 참여권이 형해화되지 않도록 그 통지의무의 예외로 규정된 '피의자 등이 참여하지 아니한다는 의사를 명시한 때 또는 급속을

요하는 때'라는 사유를 엄격하게 해석하여야 하며, 준항고 등을 통한 권리구제가 신속하면서도 실질적으로 이루어질 수 있도록 압수목록을 작성할 때 압수방법·장소·대상자별로 명확히 구분하여 압수물의 품종·종류·명칭·수량·외형상 특징 등을 최대한 구체적이고 정확하게 특정하여 기재하여야 한다.

[3] 저장매체에 대한 압수·수색 과정에서 범위를 정하여 출력 또는 복제하는 방법이 불가능하거나 압수의 목적을 달성하기에 현저히 곤란한 예외적인 사정이 인정되어 전자정보가 담긴 저장매체 또는 하드카피나 이미징 등 형태를 수사기관 사무실 등으로 옮겨 복제·탐색·출력할 수는 있다. 그러나 압수·수색 과정에서 위와 같은 예외적인 사정이 존재하였다는 점에 대하여는 영장의 집행기관인 수사기관이 이를 구체적으로 증명하여야 하고, 이러한 증명이 이루어졌음을 전제로 전자정보가 담긴 저장매체 또는 하드카피·이미징 등 형태를 수사기관 사무실 등으로 옮겨 복제·탐색·출력을 통하여 압수·수색영장을 집행하는 경우에도 그 과정에서 피의자·피압수자 또는 변호인(이하 '피의자 등'이라 한다)에게 참여의 기회를 보장하고 혐의사실과 무관한 전자정보의 임의적 복제 등을 막기 위한 적법한 조치를 하는 등 헌법상 영장주의 및 적법절차의 원칙을 준수하여야 한다. 만약 그러한 조치를 취하지 않았다면, 그럼에도 **피의자 등에 대하여 절차 참여를 보장한 취지가 실질적으로 침해되지 않았다고 볼 수 있는 특별한 사정이 없는 이상,** 압수·수색을 적법하다고 평가할 수 없다(대결 2022.7.14. 2019모2584).❺ 이 경우 수사기관이 피압수자 측에 참여의 기회를 보장하거나 압수한 전자정보 목록을 교부하지 않는 등 영장주의 원칙과 적법절차를 준수하지 않은 위법한 압수·수색 과정을 통하여 취득한 증거는 위법수집증거에 해당하고, 사후에 법원으로부터 영장이 발부되었다거나 피고인이나 변호인이 이를 증거로 함에 동의하였다고 하여 위법성이 치유되는 것도 아니다(대판 2022.7.28. 2022도2960).

정답 | (1) ×, (2) ×

| 관련판례 | – 이메일 계정 관련 압수·수색의 범위

피의자의 이메일 계정에 대한 접근권한에 갈음하여 발부받은 압수·수색영장에 따라 원격지의 저장매체에 적법하게 접속하여 내려받거나 현출된 전자정보를 대상으로 하여 범죄 혐의사실과 관련된 부분에 대하여 압수·수색하는 것은, 압수·수색영장의 집행을 원활하고 적정하게 행하기 위하여 필요한 최소한도의 범위 내에서 이루어지며 그 수단과 목적에 비추어 사회통념상 타당하다고 인정되는 대물적 강제처분 행위로서 허용되며, 형사소송법 제120조 제1항에서 정한 압수·수색영장의 집행에 필요한 처분에 해당한다. 그리고 이러한 법리는 원격지의 저장매체가 국외에 있는 경우라 하더라도 그 사정만으로 달리 볼 것은 아니다(대판 2017.11.29. 2017도9747; 대판 2021.7.29. 2020도14654).

[판결이유] 형사소송법 제109조 제1항, 제114조 제1항에서 영장에 수색할 장소를 특정하도록 한 취지와 정보통신망으로 연결되어 있는 한 정보처리장치 또는 저장매체 간 이전, 복제가 용이한 전자정보의 특성 등에 비추어 보면, 수색장소에 있는 정보처리장치를 이용하여 정보통신망으로 연결된 원격지의 저장매체에 접속하는 것이 위와 같은 형사소송법의 규정에 위반하여 압수·수색영장에서 허용한 집행의 장소적 범위를 확대하는 것이라고 볼 수 없다. 수색행위는 정보통신망을 통해 원격지의 저장매체에서 수색장소에 있는 정보처리장치로 내려받거나 현출된 전자정보에 대하여 위 정보처리장치를 이용하여 이루어지고, 압수행위는 위 정보처리장치에 존재하는 전자정보를 대상으로 그 범위를 정하여 이를 출력 또는 복제하는 방법으로 이루어지므로, 수색에서 압수에 이르는 일련의 과정이 모두 압수·수색영장에 기재된 장소에서 행해지기 때문이다.

---

❺ 정보저장매체의 압수·수색과 관련하여 중요한 모든 법리를 담고 있는 판례이므로 일독을 권한다.

┃ 비교판례 ┃ ★★★

1 [1] 헌법과 형사소송법이 구현하고자 하는 적법절차와 영장주의의 정신에 비추어 볼 때, 법관이 압수·수색영장을 발부하면서 '압수할 물건'을 특정하기 위하여 기재한 문언은 엄격하게 해석해야 하고, 함부로 피압수자 등에게 불리한 내용으로 확장해석 또는 유추해석을 하는 것은 허용될수 없다(대판 2009.3.12. 2008도763 등 참조). 압수할 전자정보가 저장된 저장매체로서 압수·수색영장에 기재된 수색장소에 있는 컴퓨터, 하드디스크, 휴대전화와 같은 컴퓨터 등 정보처리장치와 수색장소에 있지는 않으나 컴퓨터 등 정보처리장치와 정보통신망으로 연결된 원격지의 서버 등 저장매체(이하 '원격지 서버'라 한다)는 소재지, 관리자, 저장 공간의 용량 측면에서 서로 구별된다. 원격지 서버에 저장된 전자정보를 압수·수색하기 위해서는 컴퓨터 등 정보처리장치를 이용하여 정보통신망을 통해 원격지 서버에 접속하고 그곳에 저장되어 있는 전자정보를 컴퓨터 등 정보처리장치로 내려 받거나 화면에 현출시키는 절차가 필요하므로, 컴퓨터 등 정보처리장치 자체에 저장된 전자정보와 비교하여 압수·수색의 방식에 차이가 있다. 원격지 서버에 저장되어 있는 전자정보와 컴퓨터 등 정보처리장치에 저장되어 있는 전자정보는 그 내용이나 질이 다르므로 압수·수색으로 얻을 수 있는 전자정보의 범위와 그로 인한 기본권 침해 정도도 다르다. 따라서 수사기관이 압수·수색영장에 적힌 '수색할 장소'에 있는 컴퓨터 등 정보처리장치에 저장된 전자정보 외에 원격지 서버에 저장된 전자정보를 압수·수색하기 위해서는 압수·수색영장에 적힌 '압수할 물건'에 별도로 원격지 서버 저장 전자정보가 특정되어 있어야 한다. 압수·수색영장에 적힌 '압수할 물건'에 컴퓨터 등 정보처리장치 저장 전자정보만 기재되어 있다면 컴퓨터 등 정보처리장치를 이용하여 원격지 서버 저장 전자정보를 압수할 수는 없다.

[2] 이 사건 압수·수색영장에 적힌 '압수할 물건'에는 '여성의 신체를 몰래 촬영한 것으로 판단되는 사진, 동영상 파일이 저장된 컴퓨터 하드디스크 및 외부저장매체'가, '수색할 장소'에는 피고인의 주거지가 기재되어 있다. 이 사건 압수·수색영장에 적힌 '압수할 물건'에 원격지 서버 저장 전자정보가 기재되어 있지 않은 이상 이 사건 압수·수색영장에 적힌 '압수할 물건'은 피고인의 주거지에 있는 컴퓨터 하드디스크 및 외부저장매체에 저장된 전자정보에 한정된다. 그럼에도 경찰은 이 사건 휴대전화가 구글계정에 로그인되어 있는 상태를 이용하여 원격지 서버에 해당하는 구글클라우드에 접속하여 구글클라우드에서 발견한 불법촬영물을 압수하였다. 결국 경찰의 압수는 이 사건 압수·수색영장에서 허용한 압수의 범위를 넘어선 것으로 적법절차 및 영장주의의 원칙에 반하여 위법하다.

[3] 따라서 이 사건 압수·수색영장으로 수집한 불법촬영물은 증거능력이 없는 위법수집증거에 해당하고, 이 사건 압수·수색영장의 집행 경위를 밝힌 압수조서 등이나 위법수집증거를 제시하여 수집된 관련자들의 진술 등도 위법수집증거에 기한 2차적 증거에 해당하여 증거능력이 없다(대판 2022.6.30. 2022도1452).❻

2 압수할 전자정보가 저장된 저장매체로서 압수·수색영장에 기재된 수색장소에 있는 컴퓨터, 하드디스크, 휴대전화와 같은 컴퓨터 등 정보처리장치와 수색장소에 있지는 않으나 컴퓨터 등 정보처리장치와 정보통신망으로 연결된 원격지의 서버 등 저장매체(이하 '원격지 서버'라 한다)는 소재지, 관리자, 저장 공간의 용량 측면에서 서로 구별된다. 원격지 서버에 저장된 전자정보를 압수·수색하기 위해서는 컴퓨터 등 정보처리장치를 이용하여 정보통신망을 통해 원격지 서버에 접속하고 그곳에 저장되어 있는 전자정보를 컴퓨터 등 정보처리장치로 내려 받거나 화면에 현출시키는 절차가 필요하므로, 컴퓨터 등 정보처리장치 자체에 저장된 전자정보와 비교하여 압수·수색의 방식에 차이가 있다. 원격지 서버에 저장되어 있는 전자정보와 컴퓨터 등 정보처리

---

❻ [비교판례] ★ 피의자가 휴대전화를 임의제출하면서 휴대전화에 저장된 전자정보가 아닌 클라우드 등 제3자가 관리하는 원격지에 저장되어 있는 전자정보를 수사기관에 제출한다는 의사로 수사기관에게 클라우드 등에 접속하기 위한 아이디와 비밀번호를 임의로 제공하였다면 위 클라우드 등에 저장된 전자정보를 임의제출하는 것으로 볼 수 있다(대판 2021.7.29. 2020도14654).

장치에 저장되어 있는 전자정보는 그 내용이나 질이 다르므로 압수·수색으로 얻을 수 있는 전자정보의 범위와 그로 인한 기본권 침해 정도도 다르다. 따라서 수사기관이 압수·수색영장에 적힌 '수색할 장소'에 있는 컴퓨터 등 정보처리장치에 저장된 전자정보 외에 원격지 서버에 저장된 전자정보를 압수·수색하기 위해서는 압수·수색영장에 적힌 '압수할 물건'에 별도로 원격지 서버 저장 전자정보가 특정되어 있어야 한다. 압수·수색영장에 적힌 '압수할 물건'에 컴퓨터 등 정보처리장치 저장 전자정보만 기재되어 있다면 컴퓨터 등 정보처리장치를 이용하여 원격지 서버 저장 전자정보를 압수할 수는 없다.

[판례해설] 제1차 압수·수색영장에 적힌 '압수할 물건'에는 하드디스크 저장 전자정보(일부 기각 부분 제외)가 포함되어 있는 반면, 클라우드 저장 전자정보는 제외되어 있다. 제1차 압수·수색영장에 적힌 '압수할 물건'에 클라우드 저장 전자정보가 기재되어 있지 않은 이상 제1차 압수·수색영장에 적힌 '압수할 물건'은 서울 본사 인사 담당 부서나 피의자 공소외 1, 공소외 2, 공소외 6, 공소외 5, 공소외 7의 근무 자리나 차량에 있는 하드디스크 저장 전자정보(일부 기각 부분 제외)에 한정된다. 법원이 제1차 압수·수색영장을 발부하면서 검찰이 청구한 클라우드 저장 전자정보 부분을 기각하였음이 명백하므로 클라우드에 대한 수색도 허용되지 않는다. 따라서 재항고인은 제1차 압수·수색영장을 집행하면서 클라우드에 해당하는 VDI 서버를 수색하여서는 안된다. 더욱이 재항고인은 준항고인의 직원들로부터 VDI에 대한 설명을 들어 팀룸 폴더가 VDI 서버에 존재한다는 것을 충분히 알았을 것이다. 그런데도 재항고인은 VDI에 접속된 업무용 컴퓨터를 통해 가상 데스크톱의 팀룸 폴더에서 파일을 탐색하여 내용을 확인하고 보존조치를 하였다. 결국 이 사건 수색 등 처분은 영장에서 허용한 수색의 범위를 넘어선 것으로 적법절차와 영장주의 원칙에 반하여 위법하다. 나아가 재항고인은 이 사건 수색 등 처분으로 알게 된 이메일 내용 등을 추가로 압수·수색할 필요를 인정할 수 있는 자료로 삼아 제2차 압수·수색영장을 발부받은 다음 가상 데스크톱의 팀룸 폴더를 압수·수색하여 이 사건 압수 처분을 하였다. 이는 위법한 이 사건 수색 등 처분에 따라 알게 된 사정을 토대로 한 것으로 위법하고, 이 사건 압수 처분이 적법하다는 전제에서 한 이 사건 거부 처분 역시 위법하다(대결 2022.6.30. 2020모735).

★★★
09 수사기관은 복제본에 담긴 전자정보를 탐색하여 혐의사실과 관련된 정보(이하 '유관정보'라 한다)를 선별하여 출력하거나 다른 저장매체에 저장하는 등으로 압수를 완료하면 혐의사실과 관련 없는 전자정보(이하 '무관정보'라 한다)를 삭제·폐기하여야 한다. O | X

판결요지

[1] 수사기관의 전자정보에 대한 압수·수색은 원칙적으로 영장 발부의 사유로 된 범죄혐의사실과 관련된 부분만을 문서 출력물로 수집하거나 수사기관이 휴대한 저장매체에 해당 파일을 복제하는 방식으로 이루어져야 한다. 수사기관이 저장매체 자체를 직접 반출하거나 그 저장매체에 들어 있는 전자파일 전부를 하드카피나 이미징 등 형태(이하 '복제본'이라 한다)로 수사기관 사무실 등 외부에 반출하는 방식으로 압수·수색하는 것은 현장의 사정이나 전자정보의 대량성으로 인하여 관련 정보 획득에 긴 시간이 소요되거나 전문 인력에 의한 기술적 조치가 필요한 경우 등 범위를 정하여 출력 또는 복제하는 방법이 불가능하거나 압수의 목적을 달성하기에 현저히 곤란하다고 인정되는 때에 한하여 예외적으로 허용될 수 있을 뿐이다(대결(전) 2015.7.16. 2011모1839).

[2] 수사기관은 복제본에 담긴 전자정보를 탐색하여 혐의사실과 관련된 정보(이하 '유관정보'라 한다)를 선별하여 출력하거나 다른 저장매체에 저장하는 등으로 **압수를 완료하면 혐의사실과 관련 없는 전자정보(이하 '무관정보'라 한다)를 삭제·폐기하여야** 한다. 수사기관이 새로운 범죄 혐의의 수사를

위하여 무관정보가 남아있는 복제본을 열람하는 것은 압수·수색영장으로 압수되지 않은 전자정보를 영장 없이 수색하는 것과 다르지 않다. 따라서 복제본은 더 이상 수사기관의 탐색, 복제 또는 출력 대상이 될 수 없으며, 수사기관은 새로운 범죄 혐의의 수사를 위하여 필요한 경우에도 유관정보만을 출력하거나 복제한 기존 압수·수색의 결과물을 열람할 수 있을 뿐이다(대판 2023.6.1. 2018도19782). ❼

[판례해설] 대법원은, 전자정보 압수·수색 과정에서 생성되는 하드카피나 이미징 형태의 복제본은 무관정보를 포함하고 있어 압수 완료시 삭제·폐기의 대상이 될 뿐 새로운 범죄 혐의 수사를 위한 수사기관의 추가적인 탐색, 출력의 대상이 될 수 없다는 법리를 선언하고, 이에 따라 수사기관의 탐색, 출력행위의 위법성 및 이를 통하여 수집한 2차적 증거의 증거능력에 관한 원심의 판단을 수긍하여 상고를 기각함.

정답 | ○

관련판례 | ★★★

1 가. [사실관계] 1) 제1영장의 발부 및 1차 압수·수색

가) 경찰은 2022. 6. 2. '피고인이 2022. 4. 17.경 아동·청소년인 피해자 공소외 1을 위력으로 유사성행위를 하고, 2022. 6. 1.부터 2022. 6. 2.까지 피해자에게 성을 팔도록 권유하고 피해자의 성을 사기 위하여 피해자를 유인하였다.'는 혐의로 피고인을 긴급체포하였다.

나) 경찰은 2022. 6. 4. 춘천지방법원 원주지원 판사로부터 피고인에 대한 구속영장 및 피고인의 휴대전화와 휴대전화에 저장된 전자정보에 대한 압수·수색영장을 발부받았다(이하 '제1영장'이라 한다).

다) 피고인은 2022. 6. 6. '전자정보 확인서(모바일기기 반출용)'를 작성하면서 휴대전화 또는 그 복제본에 대한 탐색·복제·출력 과정에 참여하지 않겠다는 의사를 표시하였다.

라) 경찰은 2022. 6. 24. 제1영장에 기하여 피고인과 피해자 공소외 1 사이에 주고받은 문자메시지 내역 등 전자정보를 압수하였고, 같은 날 피고인에게 압수목록을 교부하였다(이하 '1차 압수·수색'이라 한다). ⇒ (저자 주 : 제1영장에 기한 1차 압수수색 종료로 제1영장의 효력 상실)

마) 검사는 2022. 6. 27. 피고인을 피해자 공소외 1에 대한 공소사실로 기소하였다.

2) 2차 압수·수색

가) 경찰은 1차 압수·수색 당시 피고인의 휴대전화에서 추출한 전자정보에서 확인하였던 별도의 혐의 자료인 '피고인이 아동·청소년인 피해자 공소외 2를 간음하는 영상과 피해자 성명불상자들의 신체를 촬영한 영상 등'을 토대로 피고인의 여죄를 수사한다는 명목으로, 2022. 7. 18. 피해자 공소외 2와 2022. 7. 26. 피고인을 각 조사하였다.

나) 경찰은 2022. 7. 27. 1차 압수·수색 당시 피고인의 휴대전화에서 추출한 전자정보가 저장되어 있던 담당 경찰관의 컴퓨터에서 피고인과 피해자 공소외 2의 통화 기록, 문자메시지 내역, 피해자 공소외 2가 촬영된 영상물 등을 압수하였고, 같은 날 피고인에게 압수목록을 교부하였다(이하 '2차 압수·수색'이라 한다). ⇒ (저자 주 : 2차 압수·수색은 효력을 상실한 제1영장을 재집행한 것이므로 그 자체로 위법)

3) 제2영장의 발부 및 3차 압수·수색

가) 검사는 2022. 8. 23. 경찰에 2차 압수·수색으로 압수한 전자정보에 대하여 별도의 압수·수색영장을 발부받아 압수하라는 취지의 보완수사요구를 하였다.

나) 경찰은 2022. 9. 8. 춘천지방법원 원주지원 판사로부터 피고인의 휴대전화에서 추출한 전자정보

---

❼ 선행 사건의 전자정보 압수·수색 과정에서 생성한 이미징 사본을 선행 사건의 판결 확정 이후 그 공범에 대한 범죄혐의의 수사를 위해 새로 탐색·출력한 것이 위법한지 여부가 문제된 사건

가 저장되어 있는 담당 경찰관의 컴퓨터의 전자정보 중 피해자 공소외 2 및 피해자 성명불상자들에 대한 부분을 대상으로 하는 압수·수색영장을 발부받았다(이하 '제2영장'이라 한다).

다) 경찰은 2022. 9. 10. 제2영장을 집행하면서, 2차 압수·수색으로 압수하였던 피해자 공소외 2와 관련된 전자정보 외에 피해자 성명불상자들이 촬영된 영상물도 추가로 압수하였는데, 작성일이 '2022. 9. 10.'로 된 압수목록·압수조서의 참여인 란에는 피고인의 서명·무인이 기재되어 있다.

라) 경찰의 2022. 9. 10.자 수사보고서에는 '2022. 9. 10. 담당 경찰관의 컴퓨터에서 전자정보를 압수하였고, 2022. 9. 15. 피고인을 교도소에서 접견하여 전자정보확인서·압수목록을 피고인에게 제공할 예정'이라는 취지가 기재되어 있고, 2022. 9. 14.자 수사보고서에는 '2022. 9. 14. 교도소를 방문하여 피고인에게 수사접견으로 압수영장 사본을 교부하였으며, 전자정보확인서 등 관련 서류에 날인을 받았다'는 취지가 기재되어 있으며, '전자정보확인서' 역시 2022. 9. 14.자로 작성되어 있다.

나. 대법원 판단

1) 2차 압수·수색의 적법 여부

가) 압수·수색은 해당 혐의사실과 관련된 유관증거를 선별하여 출력하거나 다른 저장매체에 저장하는 등 필요한 절차를 마치면 종료하는 것이므로, 압수·수색영장에 기하여 집행 대상인 전자정보의 선별, 출력 혹은 저장이 이루어지고 그 자리에서 압수목록 및 전자정보확인서까지 교부된 경우에는 원칙적으로 그 시점에 압수·수색이 종료된 것으로 볼 수 있다. 즉, 경찰이 2022. 6. 24. 제1영장에 기해 피해자 공소외 1에 대한 전자정보를 압수하고 같은 날 피고인에게 압수목록까지 교부한 이상, 이때 제1영장에 기한 압수·수색은 종료되었고, 이로써 제1영장은 그 목적을 달성하여 효력이 상실되었다고 보아야 하므로, 2차 압수·수색이 제1영장을 이용한 것이라면 이는 효력을 상실한 영장을 재집행한 것이 되어 그 자체로 위법하다.

나) 2차 압수·수색으로 피해자 공소외 2에 관한 전자정보를 압수한 2022. 7. 27.까지 제1영장에 따른 집행이 종료되지 않고 계속되는 상태에 있었던 것으로 보이지 않고, 제1영장의 혐의사실인 피해자 공소외 1에 대한 공소사실에 대하여는 그 이전인 2022. 6. 27. 이미 기소까지 이루어진 상태였다. 또한 제1영장의 집행이 종료된 때로부터 2차 압수·수색까지는 1개월 이상의 상당한 시간적 간격이 있었을 뿐만 아니라 2차 압수·수색 당시에는 피고인의 휴대전화가 압수된 상태였기에 그 전자정보에 대한 압수·수색 영장을 새로 발부받아 이를 집행하는 것이 곤란한 상황도 아니었다. 수사기관 스스로 제1영장에 기한 집행이 위법하다는 인식 하에 제2영장을 발부받아 3차 압수·수색을 한 점에 비추어 보더라도 제1영장을 이용한 2차 압수·수색은 수사기관의 통상적·원칙적인 집행절차가 아니었음을 나타낸다.

다) 결국 경찰의 2차 압수·수색은 제1영장의 혐의사실인 '피해자 공소외 1에 대한 공소사실'과 별도의 범죄 혐의인 '피해자 공소외 2에 대한 공소사실'에 대한 수사를 위하여 피해자 공소외 1에 대한 제1영장에 기한 전자정보 복제본을 대상으로 영장 없이 압수·수색한 것이다. 즉, **(★) 압수·수색절차의 종료로 삭제·폐기의 대상일 뿐 더 이상 수사기관의 탐색·복제·출력 대상이 될 수 없는 복제본**을 대상으로 새로운 범죄 혐의의 수사를 위하여 기존 압수·수색 과정에서 출력하거나 복제한 유관정보의 결과물에 대한 열람을 넘어 **그 결과물을 이용하여 새로이 영장 없이 압수·수색한 경우에 해당**하여, 이는 그 자체로 위법하다고 볼 수밖에 없다.

라) 따라서 경찰의 2차 압수·수색은 적법한 압수·수색절차에 요구되는 관련 규정을 준수하지 아니함으로써 영장주의 및 적법절차 원칙을 위반하여 위법하고, 아래에서 보는 바와 같이 그 이후에 제2영장을 발부받아 3차 압수·수색을 하였다는 사정만으로는 그 하자가 치유된다고 보기 어렵다.

2) 3차 압수·수색의 적법 여부

가) 3차 압수·수색은 피고인의 휴대전화가 아니라 제1영장에 기하여 실시한 1차 압수·수색에 따른 복제본이 저장된 경찰관 컴퓨터의 전자정보를 대상으로 발부된 제2영장을 집행한 것인바, 이는 제1영장의 집행이 종료됨에 따라 당연히 삭제·폐기 되었어야 할 전자정보를 대상으로 한 것이어서 위법하다. 경찰이 검찰에 송치하는 사건에서 별도의 적법성 확보를 위한 조치(사건 분리 후 피압수자에 대한 참여권 보장 하에 재복제 실시 등)를 하지 아니한 이상, 압수·수색절차의 종료로 삭제·폐기 되었어야 할 전자정보를 계속 소지하는 행위는 그 자체로서 위법하기 때문이다(위 대법원 2018도19782 판결 참조).

나) 더욱이 경찰의 2022. 9. 10.자 및 2022. 9. 14.자 수사보고서에 따르면, 3차 압수·수색은 2022. 9. 10. 종료되었고, 경찰은 그 집행이 종료된 이후인 2022. 9. 14. 피고인을 수사접견하면서 제2영장 사본은 물론 '전자정보확인서·압수목록'까지 교부한 것으로 보이는 이상, 2022. 9. 10.자 압수목록·압수조서의 참여인 란에 기재된 피고인의 서명·무인 역시 2022. 9. 14. 수사접견 과정에서 소급하여 작성된 것이라고 볼 여지가 많다. 이는 경찰이 3차 압수·수색을 할 때 피고인에게 제2영장을 사전에 제시하지 않았음은 물론 피고인에 대한 영장 사본의 교부의무와 3차 압수·수색의 집행 일시·장소의 통지의무까지 모두 해태하는 위법이 있었음을 의미한다.

다) 3차 압수·수색과 관련하여 수사기관으로 하여금 위와 같은 통지의무의 예외를 인정할 별다른 정황이 없고, 피고인이 제2영장의 집행에 참여하지 않겠다는 의사를 표시한 자료를 찾을 수 없으며, 피고인이 제1영장의 집행에 참여하지 않겠다는 의사를 표시하였다고 하여 제2영장에 대하여도 같은 의사를 표시한 것으로 볼 수 없는 이상, 3차 압수·수색 과정에서 피고인의 참여권을 보장한 취지는 실질적으로 침해되었다고 봄이 타당하다.

라) 따라서 경찰의 3차 압수·수색 역시 피의자의 참여권 등 압수·수색의 절차 관련 규정을 준수하지 않는 등 영장주의와 적법절차 원칙을 위반한 것이어서 위법하고, 그것이 제2영장에 따른 집행이라는 이유만으로 달리 보기 어렵다(대판 2023.10.18. 2023도8752).

2 [사실관계] 검찰수사서기관인 피고인이 수사를 지연시켜 달라는 내용의 부정청탁을 받고 그에 따라 직무를 수행하고 수사기관 내부의 비밀을 누설하였다는 혐의로 수사를 받게 되었는데, 수사기관이 별건 압수·수색 과정에서 압수한 휴대전화에 저장된 전자정보를 탐색하던 중 우연히 이 사건 범죄사실 혐의와 관련된 전자정보(이하 '이 사건 녹음파일 등')를 발견하였는데도, 이후 약 3개월 동안 대검찰청 통합디지털증거관리시스템(D-NET, 이하 '대검찰청 서버')에 그대로 저장된 채로 계속 보관하면서 영장 없이 이를 탐색·복제·출력하여 증거를 수집한 사안임.

[판례해설] 원심은, 영장 집행의 경위와 사건의 특수성 등에 비추어 수사기관이 의도적으로 영장주의의 취지를 회피하려고 시도하였다고 보기 어려운 점, 피고인의 일부 법정진술은 공개된 법정에서 진술거부권을 고지받고 변호인의 충분한 조력을 받은 상태에서 자발적으로 이루어진 것인 점, 새로운 영장의 집행 당시 참여권 등 관련 절차를 준수하였던 점 등의 사정들을 들어, 새로운 영장이 집행된 이후에 수집된 증거들은 절차에 따르지 아니한 1차적 증거수집과 인과관계가 희석 또는 단절되었다고 판단되므로 증거능력이 인정된다고 판단하였음.
그러나, 대법원은 이 사건에서 수사기관이 무관정보를 우연히 발견하였는데도 더 이상의 추가 탐색을 중단하고 법원으로부터 압수·수색영장을 발부받았다고 평가할 수 없으므로, 휴대전화에 저장된 이 사건 녹음파일 등은 적법한 압수·수색절차에 요구되는 관련 규정을 준수하지 아니함으로써 영장주의 및 적법절차 원칙을 위반하여 위법하게 수집된 증거에 해당하고, 나아가 위법수집 증거인 이 사건 녹음파일 등을 기초로 수집된 증거들 역시 위법수집증거에 터 잡아 획득한 2차적 증거로서 위 압수절차와 2차적 증거수집 사이에 인과관계가 희석 또는 단절되었다고 볼 수 없으므로 증거능력을 인정할 수 없다고 보아, 이와 달리 새로운 영장의 집행 이후에 수집된 증거들에 대하여 증거능력을 인정한 원심을 파기·환송함(대판 2024.4.16. 2020도3050).

형사소송법 제215조에 의한 압수·수색영장은 수사기관의 압수·수색에 대한 허가장으로서 거기에 기재되는 유효기간은 집행에 착수할 수 있는 종기를 의미하는 것일 뿐이므로, 수사기관이 압수·수색영장을 제시하고 집행에 착수하여 압수·수색을 실시하고 그 집행을 종료하였다면 이미 그 영장은 목적을 달성하여 효력이 상실되는 것이고, 동일한 장소 또는 목적물에 대하여 다시 압수·수색할 필요가 있는 경우라면 그 필요성을 소명하여 법원으로부터 새로운 압수·수색영장을 발부 받아야 하는 것이지, 앞서 발부 받은 압수·수색영장의 유효기간이 남아있다고 하여 이를 제시하고 다시 압수·수색을 할 수는 없다.

O | X

판결요지

경찰은 2019. 3. 5. 피의자가 '공소외인'으로, 혐의사실이 대마 광고 및 대마 매매로, 압수할 물건이 '피의자가 소지, 소유, 보관하고 있는 휴대전화에 저장된 마약류 취급 관련자료(출력, 복사, 복제 이미징이 불가능시 저장매체 압수) 등'으로, 유효기간이 '2019. 3. 31.'로 된 압수·수색·검증영장(이하 '이 사건 영장'이라 한다)을 발부받아 2019. 3. 7. 이 사건 영장에 기하여 공소외인으로부터 휴대전화 3대 등을 압수하였다(저자 주 : 집행 종료로 영장효력 상실). 공소외인은 2019. 3. 21. 대마 광고에 의한 「마약류 관리에 관한 법률」(이하 '마약류관리법'이라 한다) 위반(대마)죄 등으로, 2019. 4. 26. 대마 매매에 의한 마약류관리법 위반(대마)죄 등으로 각 공소제기되었다.

한편 경찰은 2019. 4. 8. 공소외인의 휴대전화 메신저에서 대마 구입 희망의사를 밝히는 피고인의 메시지(이하 '이 사건 메시지'라 한다)를 확인한 후 공소외인 행세를 하면서 메신저를 통해 메시지(이하 이 사건 메시지와 함께 통틀어 '이 사건 메시지 등'이라 한다)를 주고받는 방법으로 위장수사를 진행하여, 2019. 4. 10. 피고인을 현행범으로 체포하고 피고인의 휴대전화를 비롯한 피고인의 소지품 등을 영장 없이 압수한 다음, 2019. 4. 12. 법원으로부터 사후 압수·수색·검증영장을 발부받았다. 그러나 피고인이 이 사건 메시지를 보낸 2019. 4. 8.경까지 경찰이 이 사건 영장의 집행을 계속하고 있었다고 볼 만한 아무런 자료가 없고, 오히려 공소외인이 대마광고에 의한 마약류관리법 위반(대마)죄 등으로 2019. 3. 21. 공소제기된 점에 비추어 보면 경찰은 늦어도 2019. 3. 21. 무렵에는 이 사건 영장의 집행을 종료한 것으로 보인다. 따라서 경찰은 2019. 4. 8. 이후로 이 사건 메시지 등의 정보를 취득하기 위하여 이 사건 영장을 다시 집행할 수 없다. 또한 공소외인이 경찰에 자신의 성명과 주민등록번호를 무통장 송금 명의자용으로 활용함에 동의한 사실이 있다는 취지의 수사보고만 제출되었을 뿐 공소외인이 자신의 휴대전화 메신저 계정까지 별건 수사에 사용하여도 좋다고 동의한 사정은 보이지 않는다. 따라서 경찰은 공소외인의 휴대전화 메신저에 접속하여 이 사건 메시지 등을 송·수신할 수 없다. 경찰이 위법하게 취득한 이 사건 메시지 등을 기초로 피고인을 현행범으로 체포한 이상, 피고인에 대한 현행범 체포와 그에 따른 피고인 소지품 등의 압수는 위법하므로, 법원으로부터 사후 압수·수색·검증영장을 발부받았더라도 피고인을 현행범으로 체포하면서 수집한 증거는 위법하게 수집한 증거로서 증거능력이 없다(대판 2023.3.16. 2020도5336).[8]

정답 | O

---

[8] 원심은 경찰이 공소외인의 휴대전화 메신저 계정에서 피고인이 보낸 메시지 정보를 취득한 후 위장수사를 진행하여 피고인을 현행범으로 체포하고 증거를 수집하였으나, 메시지 정보의 취득은 영장 집행 종료 후의 위법한 재집행이고 휴대전화 메신저 계정을 이용할 정당한 접근권한도 없으므로, 위와 같은 경위로 수집한 증거는 위법수집증거에 해당하여 증거능력이 없다는 취지로 판단하였다.

★★
11 수사기관이 압수·수색영장에 기재된 범죄 혐의사실과의 관련성에 대한 구분 없이 임의로 전체의 전자정보를 복제·출력하여 이를 보관하여 두고, 이에 대해 구체적인 개별 파일 명세를 특정하여 상세목록을 작성하지 않고 포괄적인 압축파일만을 기재한 후 이를 전자정보 상세목록이라고 하면서 피압수자 등에게 교부한 경우, 정보 전체에 대한 압수가 위법하다. 다만, 사후에 법원으로부터 그와 같이 수사기관이 취득·보관하고 있는 전자정보 자체에 대해 다시 압수·수색영장이 발부되 었다면 그 위법성은 치유된다. ○ | X

수사기관이 압수·수색영장에 기재된 범죄 혐의사실과의 관련성에 대한 구분 없이 임의로 전체의 전 자정보를 복제·출력하여 이를 보관하여 두고, 그와 같이 선별되지 않은 전자정보에 대해 구체적인 개별 파일 명세를 특정하여 상세목록을 작성하지 않고 '….zip'과 같이 그 내용을 파악할 수 없도록 되어 있는 포괄적인 압축파일만을 기재한 후 이를 전자정보 상세목록이라고 하면서 피압수자 등에게 교부함으로써 범죄 혐의사실과 관련성 없는 정보에 대한 삭제·폐기·반환 등의 조치도 취하지 아니 하였다면, 이는 결국 수사기관이 압수·수색영장에 기재된 범죄 혐의사실과 관련된 정보 외에 범죄 혐의사실과 관련이 없어 압수의 대상이 아닌 정보까지 영장 없이 취득하는 것일 뿐만 아니라, 범죄혐 의와 관련 있는 압수 정보에 대한 상세목록 작성·교부의무와 범죄혐의와 관련 없는 정보에 대한 삭 제·폐기·반환의무를 사실상 형해화하는 결과가 되는 것이어서 영장주의와 적법절차의 원칙을 중 대하게 위반한 것으로 봄이 타당하다(만약 수사기관이 혐의사실과 관련 있는 정보만을 선별하였으나 기술적인 문제로 정보 전체를 1개의 파일 등으로 복제하여 저장할 수밖에 없다고 하더라도 적어도 압수목록이나 전자정보 상세목록에 압수의 대상이 되는 전자정보 부분을 구체적으로 특정하고, 위와 같이 파일 전체를 보관할 수밖에 없는 사정을 부기하는 등의 방법을 취할 수 있을 것으로 보인다). 따라서 이와 같은 경우에는 영장 기재 범죄 혐의사실과의 관련성 유무와 상관없이 수사기관이 임의 로 전자정보를 복제·출력하여 취득한 "정보 전체"에 대해 그 압수는 위법한 것으로 취소되어야 한다 고 봄이 타당하고, 사후에 법원으로부터 그와 같이 수사기관이 취득하여 보관하고 있는 전자정보 자 체에 대해 다시 압수·수색영장이 발부되었다고 하여 달리 볼 수 없다(대결 2022.1.14. 2021모1586).

정답 | X

★
12 압수영장을 집행한 후 압수목록을 즉시 교부하는 것이 원칙이나 압수물과 혐의사실과의 관련성 여부에 관한 평가 및 그에 관하여 추가 수사가 필요한 경우 일정한 기간이 경과하고서 압수목록 을 작성·교부할 수 있다. ○ | X

임의제출에 따른 압수(형사소송법 제218조)의 경우에도 압수물에 대한 수사기관의 점유 취득이 제출 자의 의사에 따라 이루어진다는 점에서만 차이가 있을 뿐 범죄혐의를 전제로 한 수사 목적이나 압수 의 효력은 영장에 의한 압수의 경우와 동일하므로, 헌법상 기본권에 관한 수사기관의 부당한 침해로 부터 신속하게 권리를 구제받을 수 있도록 수사기관은 영장에 의한 압수와 마찬가지로 객관적·구체 적인 압수목록을 신속하게 작성·교부할 의무를 부담한다. 다만, 적법하게 발부된 영장의 기재는 그 집행의 적법성 판단의 우선적인 기준이 되어야 하므로, 예외적으로 압수물의 수량·종류·특성 기타 의 사정상 압수 직후 현장에서 압수목록을 작성·교부하지 않을 수 있다는 취지가 영장에 명시되어 있고, 이와 같은 특수한 사정이 실제로 존재하는 경우에는 압수영장을 집행한 후 일정한 기간이 경과하고서 압수목록을 작성·교부할 수도 있으나, 압수목록 작성·교부 시기의 예외에 관한 영장의 기재는 피의자·피압수자 등의 압수 처분에 대한 권리구제절차 또는 불복절차가 형해화되지 않도록 그 취지에 맞게 엄격히 해석되어야 하고, 나아가 예외적 적용의 전제가 되는 특수한 사정의 존재 여부는 수사기관이 이를 증명하여야 하며, 그 기간 역시 필요 최소한에 그쳐야 한다. 또한 영장에 의한 압수 및 그 대상물에 대한 확인조치가 끝나면 그것으로 압수절차는 종료되고, 압수물과 혐의사실과의 관련성 여부에 관한 평가 및 그에 필요한 추가 수사는 압수절차 종료 이후의 사정에 불과하므로 이를 이유로 압수 직후 이루어져야 하는 압수목록 작성·교부의무를 해태·거부할 수는 없다(대결 2024.1.5. 2021모385).

[판례해설] 피준항고인이 2020. 7. 1. 발부된 압수·수색영장에 따라 2020. 7. 3. 압수·수색을 실시하면서 준항고인 소유의 물품 박스 약 9,000개를 압수한 다음 2020. 9. 7. 상세 압수목록을 교부한 사안임. 원심은, 상세 압수목록 교부가 다소 지연되었지만 압수물 수량에 비추어 부득이하다거나, 준항고인이 압수처분 당시 적극적인 이의를 제기하지 않았다거나, 화장품 제조사에 대한 조사를 통해 면세품 여부를 확인한 후 상세 압수목록을 작성하기까지 상당시간의 소요가 불가피했던 점 등을 이유로 준항고를 기각하였음.

대법원은, 서울본부세관은 2020. 7. 17.경에는 압수물의 품명, 수량, 제조번호 등을 모두 확인하였으므로 이때 압수방법 및 시기별로 명확히 구분하여 위 각 사항을 구체적으로 특정하여 기재한 상세 압수목록을 작성·교부하였어야 함에도, 그 시점으로부터 50여 일이 경과한 후에야 상세 압수목록을 교부하였을 뿐만 아니라 내용상 압수방법 및 시기별로 구분이 되어 있지 않았기에 압수처분에 대한 법률상 권리구제절차 또는 불복절차가 사실상 불가능하였거나 상당한 지장이 초래되었다고 판단하여, 원심결정에 형사소송법 제219조 및 제129조의 압수목록 작성·교부 등에 관한 법리를 오해함으로써 재판에 영향을 미친 잘못이 있다고 보아 원심결정을 파기·환송함.　　　　**정답 Ｉ ✕**

★★★
13 판례에 의할 때 다음 기술의 옳고 그름을 판단하라.

(1) 수사기관은 특정 범죄혐의와 관련하여 전자정보가 수록된 정보저장매체를 임의제출받아 그 안에 저장된 전자정보를 압수하는 경우 그 동기가 된 범죄혐의사실과 관련된 전자정보의 출력물 등을 임의제출받아 압수하는 것이 원칙이고 현장의 사정이나 전자정보의 대량성과 탐색의 어려움 등의 이유로 범위를 정하여 출력 또는 복제하는 방법이 불가능하거나 압수의 목적을 달성하기에 현저히 곤란하다고 인정되는 때에 한하여 예외적으로 정보저장매체 자체나 복제본을 임의제출받아 압수할 수 있다.　　　　　ｏＩｘ

(2) 수사기관이 정보저장매체와 거기에 저장된 전자정보를 임의제출의 방식으로 압수할 때 임의제출자의 의사에 따른 전자정보 압수의 대상과 범위가 명확하지 않거나 이를 알 수 없는 경우, 임의제출에 따른 압수의 동기가 된 범죄혐의사실과 관련되고 이를 증명할 수 있는 최소한의 가치가 있는 전자정보에 한하여 압수의 대상이 된다.　　　　　ｏＩｘ

(3) 피해자 등 제3자가 피의자의 소유·관리에 속하는 정보저장매체를 영장에 의하지 않고 임의제출한 경우, 피의자에게 참여권을 보장하고 압수한 전자정보 목록을 교부하는 등 피의자의 절차적 권리를 보장하기 위한 적절한 조치가 이루어져야 한다.　　　　　ｏＩｘ

(4) 임의제출된 정보저장매체에서 압수의 대상이 되는 전자정보의 범위를 넘어서는 전자정보에 대해 수사기관이 영장 없이 압수·수색하여 취득한 증거는 사후에 법원으로부터 영장이 발부되었거나 피고인이나 변호인이 이를 증거로 함에 동의한 경우 그 위법성은 치유된다.　　　　　ｏＩｘ

사실관계

피고인이 2014. 12. 11. 피해자 甲을 상대로 저지른 성폭력범죄의 처벌 등에 관한 특례법 위반(카메라등이용촬영) 범행('2014년 범행')에 대하여 甲이 즉시 피해 사실을 경찰에 신고하면서 피고인의 집에서 가지고 나온 피고인 소유의 휴대전화 2대에 피고인이 촬영한 동영상과 사진이 저장되어 있다는 취지로 말하고 이를 범행의 증거물로 임의제출하였는데, 경찰이 이를 압수한 다음 그 안에 저장된 전자정보를 탐색하다가 甲을 촬영한 휴대전화가 아닌 다른 휴대전화에서 피고인이 2013. 12.경 피해자 乙, 丙을 상대로 저지른 같은 법 위반(카메라등이용촬영) 범행('2013년 범행')을 발견하고 그에 관한 동영상·사진 등을 영장 없이 복제한 CD를 증거로 제출한 사안에서, 피고인의 2013년 범행을 무죄로 판단한 원심의 결론이 정당하다고 한 사례.

판결요지

[1] 오늘날 개인 또는 기업의 업무는 컴퓨터나 서버, 저장매체가 탑재된 정보처리장치 없이 유지되기 어려운데, 전자정보가 저장된 각종 저장매체(이하 '정보저장매체'라 한다)는 대부분 대용량이어서 수사의 대상이 된 범죄혐의와 관련이 없는 개인의 일상생활이나 기업경영에 관한 정보가 광범위하게 포함되어 있다. 이러한 전자정보에 대한 수사기관의 압수·수색은 사생활의 비밀과 자유, 정보에 대한 자기결정권, 재산권 등을 침해할 우려가 크므로 포괄적으로 이루어져서는 안 되고, 비례의 원칙에 따라 수사의 목적상 필요한 최소한의 범위 내에서 이루어져야 한다. 수사기관의 전자정보에 대한 압수·수색은 원칙적으로 영장 발부의 사유로 된 **범죄혐의사실과 관련된 부분만**을 문서 **출력물**로 수집하거나 수사기관이 휴대한 정보저장매체에 해당 파일을 **복제**하는 방식으로 이루어져야 하고, 정보저장매체 자체를 직접 반출하거나 저장매체에 들어 있는 전자파일 전부를 하드카피나 이미징 등 형태(이하 '복제본'이라 한다)로 수사기관 사무실 등 외부로 **반출**하는 방식으로 압수·수색하는 것은 현장의 사정이나 전자정보의 대량성으로 인하여 관련 정보 획득에 긴 시간이 소요되거나 전문 인력에 의한 기술적 조치가 필요한 경우 등 범위를 정하여 출력 또는 복제하는 방법이 불가능하거나 압수의 목적을 달성하기에 현저히 곤란하다고 인정되는 때에 한하여 **예외적**으로 허용될 수 있을 뿐이다. 위와 같은 법리는 정보저장매체에 해당하는 **임의제출물의 압수(형사소송법 제218조)에도 마찬가지로 적용**된다. 임의제출물의 압수는 압수물에 대한 수사기관의 점유 취득이 제출자의 의사에 따라 이루어진다는 점에서 차이가 있을 뿐 범죄혐의를 전제로 한 수사 목적이나 압수의 효력은 영장에 의한 경우와 동일하기 때문이다. 따라서 수사기관은 특정 범죄혐의와 관련하여 전자정보가 수록된 정보저장매체를 임의제출받아 그 안에 저장된 전자정보를 압수하는 경우 i) 그 동기가 된 **범죄혐의사실과 관련된 전자정보의 출력물 등을 임의제출**받아 압수하는 것이 **원칙**이다. 다만 현장의 사정이나 전자정보의 대량성과 탐색의 어려움 등의 이유로 ii) 범위를 정하여 출력 또는 복제하는 방법이 불가능하거나 압수의 목적을 달성하기에 **현저히 곤란**하다고 인정되는 때에 한하여 **예외적**으로 정보저장매체 자체나 복제본을 임의제출받아 압수할 수 있다.

[2] 수사기관이 제출자의 의사를 쉽게 확인할 수 있음에도 이를 확인하지 않은 채 특정 범죄혐의사실과 관련된 전자정보와 그렇지 않은 전자정보가 혼재된 정보저장매체를 〈임의제출받은 경우〉, 그 정보저장매체에 저장된 전자정보 전부가 임의제출되어 압수된 것으로 취급할 수는 없다. 전자정보를 압수하고자 하는 수사기관이 정보저장매체와 거기에 저장된 전자정보를 임의제출의 방식으로 압수할 때, 제출자의 구체적인 제출 범위에 관한 의사를 제대로 확인하지 않는 등의 사유로 인해 **임의제출자의 의사에 따른 (전자정보 압수의 대상과 범위가 명확하지 않거나) 이를 (알 수 없는 경우)**에는 임의제출에 따른 압수의 동기가 된 범죄혐의사실과 관련되고 이를 증명할 수 있는 최소한의 가치가 있는 전자정보에 한하여 압수의 대상이 된다. 이때 범죄혐의사실과 관련된 전자정보에는 (범죄혐의사실 그 자체 또는 그와 기본적 사실관계가 동일한 범행과 직접 관련)되어 있는 것은 물론 (범행 동

기와 경위, 범행 수단과 방법, 범행 시간과 장소 등을 증명하기 위한 간접증거나 정황증거) 등으로 사용될 수 있는 것도 포함될 수 있다. 다만 그 관련성은 임의제출에 따른 압수의 동기가 된 범죄혐의 사실의 내용과 수사의 대상, 수사의 경위, 임의제출의 과정 등을 종합하여 구체적·개별적 연관관계 가 있는 경우에만 인정되고, 범죄혐의사실과 단순히 동종 또는 유사 범행이라는 사유만으로 관련성 이 있다고 할 것은 아니다. 범죄혐의사실과 관련된 전자정보인지를 판단할 때는 범죄혐의사실의 내 용과 성격, 임의제출의 과정 등을 토대로 구체적·개별적 연관관계를 살펴볼 필요가 있다. 특히 카메 라의 기능과 정보저장매체의 기능을 함께 갖춘 **휴대전화인 스마트폰을 이용한 불법촬영 범죄**와 같 이 범죄의 속성상 해당 범행의 (**상습성이 의심**)되거나 (**성적 기호 내지 경향성의 발현**)에 따른 일련 의 (**범행의 일환**)으로 이루어진 것으로 의심되고, 범행의 **직접증거가 스마트폰 안에 이미지 파일이나 동영상 파일의 형태로 남아 있을 개연성**이 있는 경우에는 그 안에 저장되어 있는 같은 유형의 전자 정보에서 그와 관련한 유력한 간접증거나 정황증거가 발견될 가능성이 높다는 점에서 **이러한 간접증 거나 정황증거는 범죄혐의사실과 구체적·개별적 연관관계를 인정할 수 있다.** 이처럼 범죄의 대상이 된 피해자의 인격권을 현저히 침해하는 성격의 전자정보를 담고 있는 불법촬영물은 범죄행위로 인해 생성된 것으로서 몰수의 대상이기도 하므로 임의제출된 휴대전화에서 해당 전자정보를 신속히 압 수·수색하여 불법촬영물의 유통 가능성을 적시에 차단함으로써 피해자를 보호할 필요성이 크다. 나아가 이와 같은 경우에는 간접증거나 정황증거이면서 몰수의 대상이자 압수·수색의 대상인 전자 정보의 유형이 이미지 파일 내지 동영상 파일 등으로 비교적 명확하게 특정되어 그와 무관한 사적 전자정보 전반의 압수·수색으로 이어질 가능성이 적어 상대적으로 폭넓게 관련성을 인정할 여지가 많다는 점에서도 그러하다. 피의자가 소유·관리하는 정보저장매체를 **피의자 아닌 피해자 등 제3자 가 임의제출**하는 경우에는, 그 임의제출 및 그에 따른 수사기관의 압수가 적법하더라도 임의제출의 동기가 된 범죄혐의사실과 구체적·개별적 연관관계가 있는 전자정보에 한하여 압수의 대상이 되는 것으로 더욱 제한적으로 해석하여야 한다. 피의자 개인이 소유·관리하는 정보저장매체에는 그의 사 생활의 비밀과 자유, 정보에 대한 자기결정권 등 인격적 법익에 관한 모든 것이 저장되어 있어 제한 없이 압수·수색이 허용될 경우 피의자의 인격적 법익이 현저히 침해될 우려가 있기 때문이다.

[3] 압수의 대상이 되는 전자정보와 그렇지 않은 전자정보가 혼재된 정보저장매체나 그 복제본을 임 의제출받은 수사기관이 그 정보저장매체 등을 수사기관 사무실 등으로 옮겨 이를 탐색·복제·출력 하는 경우, 그와 같은 일련의 과정에서 형사소송법 제219조, 제121조에서 규정하는 ⅰ) 피압수·수 색 당사자(이하 '피압수자'라 한다)나 그 변호인에게 참여의 기회를 보장하고 ⅱ) 압수된 전자정보의 파일 명세가 특정된 압수목록을 작성·교부하여야 하며 범죄혐의사실과 무관한 전자정보의 임의적 인 복제 등을 막기 위한 적절한 조치를 취하는 등 영장주의 원칙과 적법절차를 준수하여야 한다. 만 약 그러한 조치가 취해지지 않았다면 피압수자 측이 참여하지 아니한다는 의사를 명시적으로 표시하 였거나 임의제출의 취지와 경과 또는 그 절차 위반행위가 이루어진 과정의 성질과 내용 등에 비추어 피압수자 측에 절차 참여를 보장한 취지가 실질적으로 침해되었다고 볼 수 없을 정도에 해당한다는 등 의 특별한 사정이 없는 이상 압수·수색이 적법하다고 평가할 수 없고, 비록 수사기관이 정보저장매체 또는 복제본에서 범죄혐의사실과 관련된 전자정보만을 복제·출력하였다 하더라도 달리 볼 것은 아니다. 나아가 〈피해자 등 **제3자가 피의자의 소유·관리에 속하는 정보저장매체**를 영장에 의하지 않고 임의 제출〉한 경우에는 실질적 피압수자인 피의자가 수사기관으로 하여금 그 전자정보 전부를 무제한 탐 색하는 데 동의한 것으로 보기 어려울 뿐만 아니라 피의자 스스로 임의제출한 경우 피의자의 참여권 등이 보장되어야 하는 것과 견주어 보더라도 특별한 사정이 없는 한 형사소송법 제219조, 제121조, 제129조에 따라 ⅰ) "피의자"에게 참여권을 보장하고 ⅱ) 압수한 전자정보 목록을 교부하는 등 "피의자" 의 절차적 권리를 보장하기 위한 적절한 조치가 이루어져야 한다.

[4] 임의제출된 정보저장매체에서 압수의 대상이 되는 전자정보의 범위를 초과하여 수사기관이 임의 로 전자정보를 탐색·복제·출력하는 것은 원칙적으로 위법한 압수·수색에 해당하므로 허용될 수

없다. 만약 전자정보에 대한 압수·수색이 종료되기 전에 범죄혐의사실과 관련된 전자정보를 적법하게 탐색하는 과정에서 별도의 범죄혐의와 관련된 전자정보를 우연히 발견한 경우라면, 수사기관은 더 이상의 추가 탐색을 중단하고 법원으로부터 **별도의 범죄혐의에 대한 압수·수색영장을 발부**받은 경우에 한하여 그러한 정보에 대하여도 적법하게 압수·수색을 할 수 있다. 따라서 임의제출된 정보저장매체에서 압수의 대상이 되는 전자정보의 범위를 넘어서는 전자정보에 대해 수사기관이 영장 없이 압수·수색하여 취득한 증거는 위법수집증거에 해당하고, 사후에 법원으로부터 영장이 발부되었다거나 피고인이나 변호인이 이를 증거로 함에 동의하였다고 하여 그 위법성이 치유되는 것도 아니다.

[5] 甲은 경찰에 피고인의 휴대전화를 증거물로 제출할 당시 그 안에 수록된 전자정보의 제출 범위를 명확히 밝히지 않았고, 담당 경찰관들도 제출자로부터 그에 관한 확인절차를 거치지 않은 이상 휴대전화에 담긴 전자정보의 제출 범위에 관한 제출자의 의사가 명확하지 않거나 이를 알 수 없는 경우에 해당하므로, 휴대전화에 담긴 전자정보 중 임의제출을 통해 적법하게 압수된 범위는 임의제출 및 압수의 동기가 된 피고인의 2014년 범행 자체와 구체적·개별적 연관관계가 있는 전자정보로 제한적으로 해석하는 것이 타당하고, 이에 비추어 볼 때 범죄발생 시점 사이에 상당한 간격이 있고 피해자 및 범행에 이용한 휴대전화도 전혀 다른 피고인의 2013년 범행에 관한 동영상은 임의제출에 따른 압수의 동기가 된 범죄혐의사실(2014년 범행)과 구체적·개별적 연관관계 있는 전자정보로 보기 어려워 수사기관이 사전영장 없이 이를 취득한 이상 증거능력이 없고, 사후에 압수·수색영장을 받아 압수절차가 진행되었더라도 달리 볼 수 없다는 이유로, 피고인의 2013년 범행을 무죄로 판단한 원심의 결론이 정당하다고 한 사례(대판(전) 2021.11.18. 2016도348).　　**정답 | (1) ○, (2) ○, (3) ○, (4) ×**

| 관련판례 | – 증거능력이 인정된 경우 ★★★

1 **[사실관계]** 경찰은 2015.6.7. 피해자 공소외인 남자친구의 신고를 받고 현장에 출동하여 피고인으로부터 이 사건 휴대전화를 임의제출받아 이를 영장 없이 압수하였다. 당시 작성된 압수조서(임의제출)의 압수경위란에는 " ① 경찰이 2015.6.7. 09:48경 '△△휴게소에서 여자친구를 몰래 도촬하여 성추행을 당했다'는 112신고를 받고 현장에 출동하여 촬영사진을 확인하기 위해 피고인이 소지하고 있던 이 사건 휴대전화를 임의제출받아 확인한 바, 피해자 공소외인의 다리 부위 사진과 불특정 다수의 특정 신체부위 사진이 여러 장 확인되어 법관의 영장 없이 피고인에게 휴대전화를 임의제출받아 압수한 것임"이라고 기재되어 있다. 경찰은 같은 날 13:15 피고인에 대한 1회 피의자신문을 진행하면서 피고인의 면전에서 이 사건 휴대전화를 탐색하여 발견된 피해자 공소외인의 영상 및 불특정 다수 여성의 영상을 제시하였다. 피고인은 피해자 공소외인의 영상을 포함한 영상들을 몰래 촬영하였음을 자백하였다. 경찰은 같은 날 이 사건 휴대전화에 저장된 ② 2013.9.경부터 2015.6.7.까지 촬영된 여성 사진 2,091장을 출력하여 '피의자 핸드폰에 저장된 여성 사진 분석'이라는 내사보고 형식으로 수사기록에 편철하였는데, 거기에 2015년 범행에 관한 사진 2장 및 2014년 범행에 관한 사진 5장(이하 '이 사건 사진'이라 한다)도 포함되었다. 경찰은 같은 날 16:45 피고인에 대한 2회 피의자신문에서, 다시 피고인에게 출력된 위 2,000여 장의 여성 사진을 제시하면서 그중 2014년 범행에 관한 영상의 촬영경위를 질문하였고, 피고인은 서울 강남구 ○○동에 있는 안마시술소에서 여종업원인 피해자 성명불상자의 나체를 몰래 촬영한 것이라고 자백하였다.

[판례해설] 피고인이 이 사건 휴대전화를 임의제출할 당시 2015년 범행에 관한 영상에 대하여만 제출 의사를 밝혔는지, 아니면 2014년 범행에 관한 영상을 포함하여 제출 의사를 밝혔는지 명확하지 않다. 따라서 임의제출에 따른 압수의 동기가 된 범죄혐의사실인 2015년 범행에 관한 영상과 관련되고 이를 증명할 수 있는 최소한의 가치가 있는 전자정보에 한하여 압수의 대상(저자 주 : 원칙)이 된다. 그런데 2014년 범행에 관한 영상을 비롯한 이 사건 휴대전화에서 발견된 약

2,000개의 영상은 2년여에 걸쳐 지속적으로 카메라의 기능과 정보저장매체의 기능을 함께 갖춘 이 사건 휴대전화로 촬영된 것으로, 범죄의 속성상 해당 **범행의 상습성이 의심**되거나 **피고인의 성적 기호 내지 경향성의 발현**에 따른 일련의 **범행의 일환**으로 이루어진 것으로 의심되어, 2015년 범행의 **동기와 경위, 범행 수단과 방법** 등을 증명하기 위한 간접증거나 정황증거 등으로 사용될 수 있어 2015년 범죄혐의사실과 구체적·개별적 연관관계를 인정할 수 있다. 결국 2014년 범행에 관한 영상은 임의제출에 따른 압수의 동기가 된 2015년 범죄혐의사실과 관련성이 인정될 수 있다.

경찰은 1차 피의자신문 시 이 사건 휴대전화를 피고인과 함께 탐색하던 과정에서 2014년 범행에 관한 영상을 발견하였으므로, 피고인은 이 사건 휴대전화의 탐색 과정에 참여하였다고 볼 수 있다. 경찰은 같은 날 곧바로 진행된 2회 피의자신문에서 이 사건 사진을 피고인에게 제시하였고, 5장에 불과한 이 사건 사진은 모두 동일한 일시, 장소에서 촬영된 2014년 범행에 관한 영상을 출력한 것임을 육안으로 쉽게 알 수 있다. 따라서 비록 피고인에게 전자정보의 파일 명세가 특정된 압수목록이 작성·교부되지 않았더라도 절차 위반행위가 이루어진 과정의 성질과 내용 등에 비추어 피고인의 절차상 권리가 실질적으로 침해되었다고 보기도 어렵다. 그러므로 2014년 범행에 관한 영상은 그 증거능력이 인정된다(대판 2022.1.13. 2016도9596).

2 **[사실관계]** 경기북부지방경찰청 소속 경찰관은 의정부 지하철 역사 주변에서 카메라 등을 이용한 불법 촬영자를 검거하기 위하여 근무하던 중, 2018. 4. 25. 16:00경 순번 48번 범행 사실을 적발하고 피고인이 소지하고 있던 이 사건 휴대전화를 임의제출받아 영장 없이 압수하고, 위 지하철 역사 내에 위치한 지하철경찰대 사무실로 피고인과 임의동행하였다. 순번 48번 범행 당시 작성된 압수조서 상에는 "본 압수처분은, 피고인이 에스컬레이터를 올라가는 불상의 피해자의 특정 부위를 촬영하는 것을 검문한 바, 오른손에 들고 있던 이 사건 휴대전화를 임의로 제출하여 본건의 증거물로 확보코져 별지 압수 목록과 같이 임의로 압수하다."라고 기재되어 있다. 경찰은 같은 날 위 검거 30분이 경과한 16:37~21:35경 같은 역 지하철 경찰대 사무실에서 피고인에 대한 피의자신문을 진행하면서 피고인의 면전에서 이 사건 휴대전화를 탐색하여 그 안에 저장되어 있는 성적 수치심을 유발할 수 있는 타인의 신체 부위를 몰래 촬영한 것으로 의심되는 동영상 321건을 발견하였다. 피고인은 불법촬영사실을 인정하면서 2018. 2. 15.부터 2018. 4. 25.까지 버스정류장, 지하철역사, 횡단보도 등에서 촬영된 순번 1~47번 범행의 각 일시·장소를 특정하고 범죄일람표를 직접 수기로 작성하여 경찰관에게 교부하였다. 이에 경찰은 위 범죄일람표, 위 각 범행에 관한 동영상을 복사한 시디(CD) 및 이를 캡쳐한 사진을 기록에 첨부하였고, 검사는 위 범죄일람표를 공소장에 별지로 첨부하는 한편, 위 시디 및 사진과 함께 증거로 제출하였다.

[판례해설] 피고인이 이 사건 휴대전화를 임의제출할 당시 그 안에 저장된 전자정보의 제출 범위를 명확히 밝히지 않았으므로, 임의제출에 따른 압수의 동기가 된 범죄혐의사실과 관련되고 이를 증명할 수 있는 최소한의 가치가 있는 전자정보에 한하여 압수의 대상이 된다. 순번 1~47번 범행은 범죄의 속성상 해당 범행의 상습성이 의심되거나 **피고인의 성적 기호 내지 경향성의 발현에 따른 일련의 범행의 일환**으로 이루어진 것으로 의심되어, 순번 48번 **범행의 동기와 경위, 범행 수단과 방법 등을 증명하기 위한 간접증거나 정황증거 등으로 사용될 수 있어** 순번 48번 범죄혐의사실과 구체적·개별적 연관관계를 인정할 수 있다. 결국 순번 1~47번 범행에 관한 동영상은 임의제출에 따른 압수의 동기가 된 순번 48번 범죄혐의사실과 관련성이 있는 증거로서 관련성이 인정될 수 있다. 또한 경찰관은 피의자 신문 당시 임의제출받은 이 사건 휴대전화를 피고인과 함께 탐색하는 과정에서 발견된 순번 1~47번 범행에 관한 동영상을 **피고인의 참여 아래** 추출·복사하였고, 피고인은 직접 위 순번 1~47 범행에 관한 동영상을 토대로 **'범죄일람표' 목록을 작성**하였음을 알 수 있다. 따라서 피고인이 이 사건 휴대전화의 **탐색과정에 참여하였다고 보아야** 하고, 순번 1~47번 범행에 관한 동영상을 특정하여 범죄일람표 목록을 작성·제출함으로써 **실질**

적으로 피고인에게 전자정보 상세목록이 교부된 것과 다름이 없다고 볼 수 있다. 그러므로 수사기관이 위 휴대전화에 담긴 내용을 조사하는 과정에서 순번 1~47번 범행의 동영상을 확인하고 이를 복제한 시디는 임의제출에 의해 적법하게 압수된 전자정보로서 그 증거능력이 인정된다(대판 2021.11.25. 2019도6730).

3 **[사실관계]** 임의제출된 이 사건 각 위장형 카메라 및 그 메모리카드에 저장된 전자정보처럼 오직 불법촬영을 목적으로 방실 내 나체나 성행위 모습을 촬영할 수 있는 벽 등에 은밀히 설치되고, 촬영대상 목표물의 동작이 감지될 때에만 카메라가 작동하여 촬영이 이루어지는 등, 그 설치 목적과 장소, 방법, 기능, 작동원리상 소유자의 사생활의 비밀 기타 인격적 법익의 관점에서 그 소지·보관자의 임의제출에 따른 적법한 압수의 대상이 되는 전자정보와 구별되는 별도의 보호가치 있는 전자정보의 혼재 가능성을 상정하기 어려운 경우에는 위 소지·보관자의 임의제출에 따른 통상의 압수절차 외에 별도의 조치가 따로 요구된다고 보기는 어렵다. 따라서 피고인 내지 변호인에게 참여의 기회를 보장하지 않고 전자정보 압수목록을 작성·교부하지 않았다는 점만으로 곧바로 증거능력을 부정할 것은 아니다.

[판례해설] 대법원 2021.11.18. 선고 2016도348 전원합의체 판결의 경우와 달리 수사기관이 임의제출받은 정보저장매체가 그 기능과 속성상 임의제출에 따른 적법한 압수의 대상이 되는 전자정보와 그렇지 않은 전자정보가 혼재될 여지가 거의 없어 사실상 대부분 압수의 대상이 되는 전자정보만이 저장되어 있는 경우에는 소지·보관자의 임의제출에 따른 통상의 압수절차 외에 피압수자에게 참여의 기회를 보장하지 않고 전자정보 압수목록을 작성·교부하지 않았다는 점만으로 곧바로 증거능력을 부정할 것은 아니다(대판 2021.11.25. 2019도7342).

4 **[사실관계]** 피고인이 2018. 6.경 샌디스크 엘엘씨가 상표등록을 한 'SanDisk'와 동일한 문양의 가짜 상표가 부착되어 있는 메모리카드 12,000개를 중국 불상자에게 인도하기 위하여 소지하였다는 상표법 위반으로 기소되었음.

[판례해설] 대법원은 휴대전화에 저장된 전자정보의 증거능력에 관하여 ① 특별사법경찰관은 휴대전화의 압수 과정에서 압수조서 및 전자정보 상세목록을 작성·교부하지는 않았지만, 그에 갈음하여 압수의 취지가 상세히 기재된 수사보고의 일종인 조사보고를 작성하였는바, 적법절차의 실질적인 내용을 침해하였다고 보기는 어렵고, ② 구 「특별사법경찰관리 집무규칙(2021. 1. 1. 법무부령 제995호로 폐지되기 전의 것)」 제4조는 내부적 보고의무 규정에 불과하므로, 특별사법경찰관리가 위 보고의무를 이행하지 않았다고 하여 적법절차의 실질적인 내용을 침해하는 경우에 해당하지 않아 증거능력을 인정함.

또한 대법원은 메모리카드의 증거능력에 관하여 ① 피고인은 유체물인 이 사건 메모리카드 압수 당시 메모리카드를 소지하고 있지 않았고, 당초 자신은 아무런 관련이 없다고 진술한 점, ② 특별사법경찰관은 메모리카드 보관자인 세관측에 이 사건 영장을 제시하면서 메모리카드를 압수하였고, 압수조서를 작성하였으며, 세관측에 압수목록을 교부한 점을 감안하면 피고인은 압수 집행과정에서 절차 참여를 보장받아야 하는 사람에 해당한다고 단정할 수 없거나, 압수 집행과정에서 피고인에 대한 절차 참여를 보장한 취지가 실질적으로 침해되었다고 보기 어려워 증거능력을 인정함. 이에 대법원은 이 사건 휴대전화 및 메모리카드에 관한 증거들의 증거능력을 부정하고 무죄를 선고한 원심판결을 파기·환송함(대판 2023.6.1. 2020도12157).

[사실관계] 수사기관이 준항고인을 피의자로 하여 발부받은 압수·수색영장에 기하여 인터넷서비스 업체인 甲 주식회사를 상대로 甲 회사의 본사 서버에 저장되어 있는 준항고인의 전자정보인 카카오톡 대화내용 등에 대하여 압수·수색을 실시하였는데, 준항고인은 수사기관이 압수·수색 과정에서 참여권을 보장하지 않는 등의 위법이 있다는 이유로 압수·수색의 취소를 청구한 사안에서, 압수·수색에서 나타난 위법이 압수·수색절차 전체를 위법하게 할 정도로 중대하다고 보아 압수·수색을 취소한 원심의 결론을 수긍한 사례.

[판례해설] 수사기관이 압수·수색영장을 집행할 때 처분의 상대방인 甲 회사에 영장을 팩스로 송부하였을 뿐 영장 원본을 제시하지 않은 점, 甲 회사는 서버에서 일정 기간의 준항고인의 카카오톡 대화내용을 모두 추출한 다음 그중에서 압수·수색영장의 범죄사실과 관련된 정보만을 분리하여 추출할 수 없어 그 기간의 모든 대화내용을 수사기관에 이메일로 전달하였는데, 여기에는 준항고인이 자신의 부모, 친구 등과 나눈 일상적 대화 등 혐의사실과 관련 없는 내용이 포함되어 있는 점, 수사기관은 압수·수색 과정에서 준항고인에게 미리 집행의 일시와 장소를 통지하지 않았고, 甲 회사로부터 준항고인의 카카오톡 대화내용을 취득한 뒤 전자정보를 탐색·출력하는 과정에서도 준항고인에게 참여 기회를 부여하지 않았으며, 혐의사실과 관련된 부분을 선별하지 않고 그 일체를 출력하여 증거물로 압수하였고, 압수·수색영장 집행 이후 甲 회사와 준항고인에게 압수한 전자정보 목록을 교부하지 않은 점 등 제반 사정에 비추어 볼 때, 원심이 甲 회사의 본사 서버에 보관된 준항고인의 카카오톡 대화내용에 대한 압수·수색영장의 집행에 의하여 전자정보를 취득하는 것이 참여권자에게 통지하지 않을 수 있는 형사소송법 제122조 단서의 '급속을 요하는 때'에 해당하지 않는다고 판단한 것은 잘못이나❾ (저자 주 : 피고인에게 통지하지 않은 것 자체는 적법하다), 그 과정에서 압수·수색영장의 원본을 제시하지 않은 위법, 수사기관이 甲 회사로부터 입수한 전자정보에서 범죄 혐의사실과 관련된 부분의 선별 없이 그 일체를 출력하여 증거물로 압수한 위법, 그 과정에서 서비스이용자로서 실질적 피압수자이자 피의자인 준항고인에게 참여권을 보장하지 않은 위법과 압수한 전자정보 목록을 교부하지 않은 위법을 종합하면, 압수·수색에서 나타난 위법이 압수·수색절차 전체를 위법하게 할 정도로 중대하다고 보아 압수·수색을 취소한 원심의 결론을 수긍할 수 있다고 한 사례(대결 2022.5.31. 2016모587).

★★★
14 판례에 의할 때 다음 기술의 옳고 그름을 판단하라.

(1) '피의자의 소유·관리에 속하는 정보저장매체'란, 피의자가 압수·수색 당시 또는 이와 시간적으로 근접한 시기까지 해당 정보저장매체를 현실적으로 지배·관리하면서 그 정보저장매체 내 전자정보 전반에 관한 전속적인 관리처분권을 보유·행사하고, 달리 이를 자신의 의사에 따라 제3자에게 양도하거나 포기하지 아니한 경우로써, 피의자를 그 정보저장매체에 저장된 전자정보에 대하여 실질적인 피압수자로 평가할 수 있는 경우를 말하는 것이다. ○ | x

(2) 수사기관의 압수·수색은 법관이 발부한 압수·수색영장에 의하여야 하는 것이 원칙이고, 영장의 원본은 처분을 받는 자에게 반드시 제시되어야 하므로, 금융계좌추적용 압수·수색영장의 집행에 있어서도 수사기관이 금융기관으로부터 금융거래자료를 수신하기에 앞서 금융기관에 영장 원본을 사전에 제시하지 않았다면 원칙적으로 적법한 집행 방법이라고 볼 수는 없다. ○ | x

---

❾ 대법원은 피고인의 카카오톡 대화내용에 대한 주식회사 카카오에 대한 압수수색 시 참여권자에게 압수 수색영장을 집행할 일시와 장소를 통지하지 않을 수 있는 형소법 제122조 단서의 급속을 요하는 때에 해당한다고 판시하고 있다.

[1] 피해자 등 제3자가 피의자의 소유·관리에 속하는 정보저장매체를 영장에 의하지 않고 임의제출한 경우에는 실질적 피압수·수색 당사자(이하 '피압수자'라 한다)인 피의자가 수사기관으로 하여금 그 전자정보 전부를 무제한 탐색하는 데 동의한 것으로 보기 어려울 뿐만 아니라 피의자 스스로 임의제출한 경우 피의자의 참여권 등이 보장되어야 하는 것과 견주어 보더라도 특별한 사정이 없는 한 형사소송법 제219조, 제121조, 제129조에 따라 **피의자에게 참여권을 보장하고 압수한 전자정보 목록을 교부**하는 등 피의자의 절차적 권리를 보장하기 위한 적절한 조치가 이루어져야 한다.

이와 같이 정보저장매체를 임의제출한 피압수자에 더하여 임의제출자 아닌 피의자에게도 참여권이 보장되어야 하는 〈**피의자의 소유·관리에 속하는 정보저장매체**〉란, 피의자가 압수·수색 당시 또는 이와 시간적으로 근접한 시기까지 해당 정보저장매체를 현실적으로 지배·관리하면서 그 정보저장매체 내 전자정보 전반에 관한 전속적인 관리처분권을 보유·행사하고, 달리 이를 자신의 의사에 따라 제3자에게 양도하거나 포기하지 아니한 경우로써, 피의자를 그 정보저장매체에 저장된 전자정보에 대하여 실질적인 피압수자로 평가할 수 있는 경우를 말하는 것이다. 이에 해당하는지 여부는 민사법상 권리의 귀속에 따른 법률적·사후적 판단이 아니라 압수·수색 당시 외형적·객관적으로 인식 가능한 사실상의 상태를 기준으로 판단하여야 한다. 이러한 정보저장매체의 외형적·객관적 지배·관리 등 상태와 별도로 단지 피의자나 그 밖의 제3자가 과거 그 정보저장매체의 이용 내지 개별 전자정보의 생성·이용 등에 관여한 사실이 있다거나 그 과정에서 생성된 전자정보에 의해 식별되는 정보주체에 해당한다는 사정만으로 그들을 실질적으로 압수·수색을 받는 당사자로 취급하여야 하는 것은 아니다.

[2] 수사기관의 압수·수색은 법관이 발부한 압수·수색영장에 의하여야 하는 것이 원칙이고, 영장의 원본은 처분을 받는 자에게 반드시 제시되어야 하므로(저자 주 : 형소법 제118조**❿**, 219조), 금융계좌추적용 압수·수색영장의 집행에 있어서도 수사기관이 금융기관으로부터 금융거래자료를 수신하기에 앞서 금융기관에 영장 원본을 사전에 제시하지 않았다면 원칙적으로 적법한 집행 방법이라고 볼 수는 없다. 다만 수사기관이 금융기관에 금융실명거래 및 비밀보장에 관한 법률(이하 '금융실명법'이라 한다) 제4조 제2항에 따라서 금융거래정보에 대하여 영장 **사본을 첨부**하여 그 **제공을 요구**한 결과 금융기관으로부터 i) 회신받은 **금융거래자료**가 해당 **영장의 집행 대상과 범위에 포함**되어 있고, 이러한 모사전송 내지 전자적 송수신 방식의 금융거래정보 제공요구 및 자료 회신의 ii) **전 과정이 해당 금융기관의 자발적 협조의사**에 따른 것이며, iii) 그 자료 중 **범죄혐의사실과 관련된 금융거래**를 선별하는 절차를 거친 후 **최종적으로 영장 원본을 제시**하고 위와 같이 선별된 금융거래자료에 대한 압수절차가 집행된 경우로서, 그 과정이 금융실명법에서 정한 방식에 따라 이루어지고 달리 적법절차와 영장주의 원칙을 잠탈하기 위한 의도에서 이루어진 것이라고 볼 만한 사정이 없어, 이러한 일련의 과정을 전체적으로 '**하나의 영장에 기하여 적시에 원본을 제시하고 이를 토대로 압수·수색하는 것**'으로 평가할 수 있는 경우에 한하여, 예외적으로 영장의 적법한 집행 방법에 해당한다고 볼 수 있다(대판 2022.1.27. 2021도11170).   정답 l (1) ○, (2) ○

┃관련판례┃ - 정보저장매체의 이용 또는 관여한 사실이 있거나 생성된 전자정보에 의해 식별되는 정보주체에 해당하는 경우 실질적 피압수자로 취급하여야 하는지 ★★★

[1] [다수의견] (가) 정보저장매체 내의 전자정보가 가지는 중요성은 헌법과 형사소송법이 구현하고자 하는 적법절차, 영장주의, 비례의 원칙과 함께 사생활의 비밀과 자유, 정보에 대한 자기결정권 등의 관점에서 유래된다.

---

❿ 제118조가 개정되었으며 조문 자체가 시험에 출제될 수 있는 부분이니 유의해야 한다. p.27에 기재된 조문을 참조

압수의 대상이 되는 전자정보와 그렇지 않은 전자정보가 혼재된 정보저장매체나 그 복제본을 임의제출받은 수사기관이 그 정보저장매체 등을 수사기관 사무실 등으로 옮겨 이를 탐색·복제·출력하는 경우, 그와 같은 일련의 과정에서 형사소송법 제219조, 제121조에서 규정하는 압수·수색영장의 집행을 받는 당사자(이하 '피압수자'라 한다)나 그 변호인에게 참여의 기회를 보장하고 압수된 전자정보의 파일 명세가 특정된 압수목록을 작성·교부하여야 하며, 범죄혐의사실과 무관한 전자정보의 임의적인 복제 등을 막기 위한 적절한 조치를 취하는 등 영장주의 원칙과 적법절차를 준수하여야 한다. 만약 그러한 조치가 취해지지 않았다면 피압수자 측이 참여하지 않겠다는 의사를 명시적으로 표시하였거나 임의제출의 취지와 경과 또는 그 절차 위반행위가 이루어진 과정의 성질과 내용 등에 비추어 피압수자 측에 절차 참여를 보장한 취지가 실질적으로 침해되었다고 볼 수 없을 정도에 해당한다는 등의 특별한 사정이 없는 이상 압수·수색이 적법하다고 평가할 수 없고, 비록 수사기관이 정보저장매체 또는 복제본에서 범죄혐의사실과 관련된 전자정보만을 복제·출력하였다고 하더라도 달리 볼 것은 아니다.

피해자 등 제3자가 피의자의 소유·관리에 속하는 정보저장매체를 임의제출한 경우에는 실질적 피압수자인 피의자가 수사기관으로 하여금 그 전자정보 전부를 무제한 탐색하는 데 동의한 것으로 보기 어려울 뿐만 아니라 피의자 스스로 임의제출한 경우 피의자의 참여권 등이 보장되어야 하는 것과 견주어 보더라도 특별한 사정이 없는 한 피의자에게 참여권을 보장하고 압수한 전자정보 목록을 교부하는 등 피의자의 절차적 권리를 보장하기 위한 적절한 조치가 이루어져야 한다.

(나) 이와 같이 정보저장매체를 임의제출한 피압수자에 더하여 임의제출자 아닌 피의자에게도 참여권이 보장되어야 하는 '피의자의 소유·관리에 속하는 정보저장매체'란, 피의자가 압수·수색 당시 또는 이와 **시간적으로 근접한 시기까지 해당 정보저장매체를 현실적으로 지배·관리**하면서 그 정보저장매체 내 전자정보 전반에 관한 **전속적인 관리처분권을 보유·행사**하고, 달리 이를 자신의 의사에 따라 제3자에게 양도하거나 포기하지 아니한 경우로서, 피의자를 그 정보저장매체에 저장된 전자정보 전반에 대한 **실질적인 압수·수색 당사자로 평가할 수 있는 경우**를 말하는 것이다. 이에 해당하는지 여부는 민사법상 권리의 귀속에 따른 법률적·사후적 판단이 아니라 압수·수색 당시 외형적·객관적으로 인식 가능한 사실상의 상태를 기준으로 판단하여야 한다. 이러한 정보저장매체의 외형적·객관적 지배·관리 등 상태와 별도로 단지 **피의자나 그 밖의 제3자가 과거 그 정보저장매체의 이용 내지 개별 전자정보의 생성·이용 등에 관여한 사실이 있다거나 그 과정에서 생성된 전자정보에 의해 식별되는 정보주체에 해당한다는 사정만으로 그들을 실질적으로 압수·수색을 받는 당사자로 취급하여야 하는 것은 아니다.**

[대법관 민유숙, 대법관 이흥구, 대법관 오경미의 반대의견] (가) 다수의견은 참여권을 보장받는 주체인 '실질적 피압수자'를 압수·수색의 원인이 된 범죄혐의사실의 피의자를 중심으로 협소하게 파악하는 것으로서 선례의 취지와 방향에 부합하지 않는다. 또 다수의견에 의하면 현대사회의 개인과 기업에게 갈수록 중요한 의미를 갖는 전자정보에 관한 수사기관의 강제처분에서 적법절차와 영장주의를 구현해야 하는 헌법적 요청을 외면함으로써 실질적 피압수자인 전자정보 관리처분권자의 사생활의 비밀과 자유 등에 관한 기본권이 침해되는 반헌법적 결과를 용인하게 된다.

(나) 대법원 2021. 11. 18. 선고 2016도348 전원합의체 판결 및 대법원 2022. 1. 27. 선고 2021도11170 판결 등에서 대법원은 전자정보의 압수·수색에서 참여권이 보장되는 주체인 실질적 피압수자는 해당 정보저장매체를 현실적으로 지배·관리하면서 그 정보저장매체 내 전자정보 전반에 관한 전속적인 관리처분권을 보유·행사하는 자로서 그에 대한 실질적인 압수·수색의 당사자로 평가할 수 있는 사람이라고 하였다. 이러한 선례의 법리와 취지에 따르면, 강제처분의 직접 당사자이자 형식적 피압수자인 정보저장매체의 **현실적 소지·보관자 외에 소유·관리자가 별도로 존재**하고, 강제처분에 의하여 그의 전자정보에 대한 사생활의 비밀과 자유, 정보에 대한 자기결정권, 재산권 등을 침해받을 우려가 있는 경우, **그 소유·관리자는 참여권의 보장 대상인 실질적 피압수자라고 보아야 한다.**

이때 실질적 피압수자가 압수·수색의 원인이 된 범죄혐의사실의 피의자일 것을 요하는 것은 아니다. 따라서 증거은닉범이 본범으로부터 증거은닉을 교사받아 소지·보관하고 있던 본범 소유·관리의 정보저장매체를 피의자의 지위에서 수사기관에 임의제출하였고, 본범이 그 정보저장매체에 저장된 전자정보의 탐색·복제·출력 시 사생활의 비밀과 자유 등을 침해받지 않을 실질적인 이익을 갖는다고 평가될 수 있는 경우, 임의제출자이자 피의자인 증거은닉범과 함께 그러한 실질적 이익을 갖는 본범에게도 참여권이 보장되어야 한다.

[2] 피고인이 허위의 인턴십 확인서를 작성한 후 甲의 자녀 대학원 입시에 활용하도록 하는 방법으로 甲 등과 공모하여 대학원 입학담당자들의 입학사정업무를 방해하였다는 공소사실과 관련하여, 甲 등이 주거지에서 사용하던 컴퓨터 내 정보저장매체(이하 '하드디스크'라 한다)에 인턴십 확인서 등 증거들이 저장되어 있고, 甲은 자신 등의 혐의에 대한 수사가 본격화되자 乙에게 지시하여 하드디스크를 은닉하였는데, 이후 수사기관이 乙을 증거은닉혐의 피의자로 입건하자 乙이 이를 임의제출하였고, 수사기관은 하드디스크 임의제출 및 그에 저장된 전자정보에 관한 탐색·복제·출력 과정에서 乙 측에 참여권을 보장한 반면 甲 등에게는 참여 기회를 부여하지 않아 그 증거능력이 문제 된 사안에서, 乙은 임의제출의 원인된 범죄혐의사실인 증거은닉범행의 피의자로서 자신에 대한 수사 과정에서 하드디스크를 임의제출하였는데, 하드디스크 및 그에 저장된 전자정보는 본범인 甲 등의 혐의사실에 관한 증거이기도 하지만 동시에 은닉행위의 직접적인 목적물에 해당하여 乙의 증거은닉 혐의사실에 관한 증거이기도 하므로, 乙은 하드디스크와 그에 저장된 전자정보에 관하여 실질적 이해관계가 있는 자에 해당하고, 하드디스크 자체의 임의제출을 비롯하여 증거은닉 혐의사실 관련 전자정보의 탐색·복제·출력 과정 전체에 걸쳐 乙은 참여의 이익이 있는 점, 하드디스크의 은닉과 임의제출 경위, 그 과정에서 乙과 甲 등의 개입 정도 등에 비추어 압수·수색 당시 또는 이에 근접한 시기에 하드디스크를 현실적으로 점유한 사람은 乙이라고 할 것이며, 나아가 乙이 그 무렵 위와 같은 경위로 하드디스크를 현실적으로 점유한 이상 다른 특별한 사정이 없는 한 저장된 전자정보에 관한 관리처분권을 사실상 보유·행사할 수 있는 지위에 있는 사람도 乙이라고 볼 수 있는 점, 甲은 임의제출의 원인된 범죄혐의사실인 증거은닉범행의 피의자가 아닐 뿐만 아니라 하드디스크의 존재 자체를 은폐할 목적으로 막연히 '자신에 대한 수사가 끝날 때까지' 은닉할 것을 부탁하며 하드디스크를 乙에게 교부하였는데, 이는 자신과 하드디스크 및 그에 저장된 전자정보 사이의 외형적 연관성을 은폐·단절하겠다는 목적하에 그 목적 달성에 필요하다면 '수사 종료'라는 불확정 기한까지 하드디스크에 관한 **전속적인 지배·관리권을 포기하거나 乙에게 전적으로 양도한다는 의사**를 표명한 것으로 볼 수 있는 점 등을 종합하면, 증거은닉범행의 피의자로서 하드디스크를 임의제출한 乙에 더하여 임의제출자가 아닌 甲 등에게도 참여권이 보장되어야 한다고 볼 수 없다는 이유로, 같은 취지에서 하드디스크에 저장된 전자정보의 증거능력을 인정한 원심의 판단이 정당하다고 한 사례(대판(전) 2023.9.18. 2022도7453).

┃참 고┃

구 형사소송법(2022.2.3. 법률 제18799호로 개정되기 전의 것) 제118조는 "압수·수색영장은 처분을 받는 자에게 반드시 제시하여야 한다."고 규정함. 그러나 단서가 다음과 같이 신설되고 개정되었으니 유의해야 한다(∵ 피고인의 방어권을 실질적으로 보장하기 위한 조치).

☞ 제118조【영장의 제시와 사본교부】압수·수색영장은 처분을 받는 자에게 반드시 제시하여야 하고, **처분을 받는 자가 피고인인 경우에는 그 사본을 교부하여야 한다.** 다만, 처분을 받는 자가 현장에 없는 등 영장의 제시나 그 사본의 교부가 현실적으로 불가능한 경우 또는 처분을 받는 자가 영장의 제시나 사본의 교부를 거부한 때에는 예외로 한다.

★★
15 수사기관은 영장 발부의 사유로 된 범죄 혐의사실과 관계가 없는 증거를 압수할 수 없고, 별도의 영장을 발부받지 아니하고서는 압수물 또는 압수한 정보를 그 압수의 근거가 된 압수·수색영장 혐의사실과 관계가 없는 범죄의 유죄 증거로 사용할 수 없다. ○ | X

판결요지

[1] 헌법 제12조의 영장주의와 형사소송법 제199조 제1항 단서의 강제처분 법정주의는 수사기관의 증거수집뿐만 아니라 강제처분을 통하여 획득한 증거의 사용까지 아우르는 형사절차의 기본원칙이다. 따라서 수사기관은 영장 발부의 사유로 된 범죄 혐의사실과 관계가 없는 증거를 압수할 수 없고, 별도의 영장을 발부받지 아니하고서는 압수물 또는 압수한 정보를 그 압수의 근거가 된 압수·수색영장 혐의사실과 관계가 없는 범죄의 유죄 증거로 사용할 수 없다.

[2] 형사소송법 제215조 제1항은 "검사는 범죄수사에 필요한 때에는 피의자가 죄를 범하였다고 의심할 만한 정황이 있고 해당 사건과 관계가 있다고 인정할 수 있는 것에 한정하여 지방법원판사에게 청구하여 발부받은 영장에 의하여 압수·수색 또는 검증을 할 수 있다."라고 규정한다. 피의자 또는 피고인과의 인적 관련성은 압수·수색영장에 기재된 대상자의 공동정범이나 교사범 등 공범이나 간접정범은 물론 필요적 공범 등에 대한 사건에 대해서도 인정할 수 있다.

[사실관계] 현역 군인인 피고인이 방산업체 관계자의 부탁을 받고 군사기밀 사항을 메모지에 옮겨 적은 후 이를 전달하여 누설한 행위와 관련하여 군사기밀보호법 위반죄(예비적 죄명 군형법상 군기누설죄)로 기소되었음. 원심은 이 사건에 증거로 제출된 위 메모지가 누설 상대방의 다른 군사기밀 탐지·수집 혐의에 관하여 발부된 압수수색영장으로 압수한 것인데, 영장 혐의사실과 사이에 관련성이 인정되지 아니하여 위법수집증거에 해당하고, 군검사가 제출한 그 밖의 증거는 위법수집증거에 기초하여 획득한 2차 증거로서 최초 증거수집단계에서의 위법과 인과관계가 희석되거나 단절된다고 보기 어렵다는 이유로 피고인에게 무죄를 선고함. 대법원은 압수수색영장 기재 혐의사실과의 관련성에 관한 종전 법리를 재확인하고, 관련성에 의한 제한은 증거 수집뿐만 아니라 **압수된 증거의 사용에도 적용된다는 법리를 선언**하면서, 이러한 법리에 따라 메모지 및 그 파생증거의 증거능력을 부정한 원심의 판단을 수긍하여 군검사의 상고를 기각함(대판 2023.6.1. 2018도18866). **정답 | ○**

★
16 사법경찰관이 피의자신문조서에 압수의 취지를 기재하여 압수조서를 갈음한 조치는 위법하다. ○ | X

판결요지

형사소송법 제106조, 제218조, 제219조, 형사소송규칙 제62조, 제109조, 구 범죄수사규칙 제119조 등 관련규정들에 의하면, 사법경찰관이 임의제출된 증거물을 압수한 경우 압수경위 등을 구체적으로 기재한 압수조서를 작성하도록 하고 있다. 이는 사법경찰관으로 하여금 압수절차의 경위를 기록하도록 함으로써 사후적으로 압수절차의 적법성을 심사·통제하기 위한 것이다. 구 범죄수사규칙 제119조 제3항에 따라 피의자신문조서 등에 압수의 취지를 기재하여 압수조서를 갈음할 수 있도록 하더라도, 압수절차의 적법성 심사·통제 기능에 차이가 없으므로, 위와 같은 사정만으로 이 사건 동영상에 관한 압수가 형사소송법이 정한 압수절차를 지키지 않은 것이어서 위법하다는 취지의 원심 판단에는 압수절차의 적법성에 관한 법리를 오해하여 판결에 영향을 미친 잘못이 있다(대판 2023.6.1. 2020도2550).

[판례해설] 피고인은 2018. 9. 21.부터 2019. 1. 13.경까지 총 8회에 걸쳐 이 사건 휴대전화를 이용하여 잠이 든 피해자 3명의 음부 부위 등을 그 의사에 반하여 촬영하였다는 공소사실로 성폭법 위반(카

메라등이용촬영)으로 기소되었다. ❶ 대법원은 이 사건 휴대전화 내 동영상의 증거능력에 관하여 ① 구 범죄수사규칙 제119조 제3항에 따라 피의자신문조서 등에 압수의 취지를 기재하여 압수조서를 갈음할 수 있도록 하더라도, 압수절차의 적법성 심사·통제 기능에 차이가 없으므로 이러한 사정만으로 압수절차가 위법하다고 볼 수 없고, ② 이 사건 동영상의 압수 당시 실질적으로 피고인에게 해당 전자정보 압수목록이 교부된 것과 다름이 없다고 볼 수 있어 절차상 권리가 실질적으로 침해되었다고 보기 어려우며, ③ 피고인이 사법경찰관에게 이 사건 동영상을 제출한 경위, 이 사건 공판의 진행 경과 및 검사의 임의성에 대한 증명 정도에 비추어 이 사건 동영상 제출의 임의성 여부를 보다 면밀히 살펴보았어야 하고, ④ 이 사건 동영상은 임의제출에 따른 압수의 동기가 된 범죄혐의사실과 구체적·개별적 연관관계가 있는 전자정보로서 관련성이 인정된다는 이유로 증거능력을 인정하였다.

정답 | X

압수물의 환부와 가환부

17 판례에 의할 때 다음 기술의 옳고 그름을 판단하라.

(1) 수사기관이 발표한 피의사실에 '범죄를 구성하지 않는 사실관계'까지 포함되어 있고, 발표 내용에 비추어 피의사실은 부수적인 것에 불과하고 '범죄를 구성하지 않는 사실관계'가 주된 것인 경우, 피의사실 공표행위가 위법하다.　　　　　　　　　　　　　　　　　　　　　　　　　　　　o | x

(2) 압수물에 대한 몰수의 선고가 포함되지 않은 판결이 선고되어 확정된 경우, 검사에게 압수물을 환부하여야 할 의무가 당연히 발생하고, 피압수자 등 환부를 받을 자가 압수 후 소유권을 포기하는 등으로 실체법상의 권리를 상실하거나, 수사기관에 대하여 환부청구권 포기의 의사표시를 한 경에도 수사기관의 압수물 환부의무는 면제되지 않는다.　　　　　　　　　　　　o | x

(3) 부패의 염려가 있거나 보관하기 어려운 압수물에 대하여 형사소송법 제130조 제3항에서 정한 요건을 갖추지 않았음에도 폐기처분한 것은 위법하다.　　　　　　　　　　　　　　　o | x

판결요지

[1] 수사기관의 피의사실 공표행위의 대상은 어디까지나 피의사실, 즉 수사기관이 혐의를 두고 있는 범죄사실에 한정되는 것이므로, 피의사실과 불가분의 관계라는 등의 특별한 사정이 없는 한 수사기관이 '범죄를 구성하지 않는 사실관계'까지 피의사실에 포함시켜 수사 결과로서 발표하는 것은 원칙적으로 허용될 수 없다. 따라서 수사기관이 발표한 피의사실에 '범죄를 구성하지 않는 사실관계'까지 포함되어 있고, 발표 내용에 비추어 볼 때 피의사실은 부수적인 것에 불과하고 오히려 '범죄를 구성하지 않는 사실관계'가 주된 것인 경우에는 그러한 피의사실 공표행위는 위법하다고 보아야 한다.

---

❶ 다시 경찰관은 피고인에게 이 사건 휴대전화를 보여줄 수 있는지 물어보았고, 피고인은 휴대전화의 사진첩을 열어서 경찰관에게 보여주었다. 경찰관은 피고인과 함께 이 사건 휴대전화의 사진첩을 확인하던 중 피해자 공소외 2에 대한 사진 외에 이 사건 동영상을 발견하였다. 이에 사법경찰관은 피고인에게 이 사건 휴대전화를 제출할 것인지 물어보는데, 피고인은 자신의 업무를 이유로 휴대전화 제출을 거부하였다. 대신 피고인은 이 사건 휴대전화에 저장된 사진, 동영상 파일들을 제출하겠다고 하면서 이 사건 동영상을 제출하였다. 사법경찰관은 블루투스 방식으로 경찰관 업무용 휴대전화에 이 사건 동영상을 전송받아 복제하였다.

[2] 형사소송법 제332조에 의하면, 압수한 서류 또는 물품에 대하여 몰수의 선고가 없는 때에는 압수를 해제한 것으로 간주한다고 규정되어 있으므로 압수물에 대한 몰수의 선고가 포함되지 않은 판결이 선고되어 확정되었다면 검사에게 압수물을 제출자나 소유자 기타 권리자에게 환부하여야 할 의무가 당연히 발생하고, 권리자의 환부신청에 대한 검사의 환부결정 등 처분에 의하여 비로소 환부의무가 발생하는 것은 아니다. 또한 피압수자 등 환부를 받을 자가 압수 후 소유권을 포기하는 등에 의하여 실체법상의 권리를 상실하더라도 그 때문에 압수물을 환부하여야 하는 수사기관의 의무에 어떠한 영향을 미칠 수 없고, 또한 수사기관에 대하여 형사소송법상의 환부청구권을 포기한다는 의사표시를 하더라도 그 효력이 없어 그에 의하여 <u>수사기관의 필요적 환부의무가 면제된다고 볼 수는 없다.</u>

[3] 압수물은 검사의 이익을 위해서뿐만 아니라 이에 대한 증거신청을 통하여 무죄를 입증하고자 하는 피고인의 이익을 위해서도 존재하므로 사건종결 시까지 이를 그대로 보존할 필요성이 있다. 다만 형사소송법은 "몰수하여야 할 압수물로서 멸실, 파손, 부패 또는 현저한 가치 감소의 염려가 있거나 보관하기 어려운 압수물은 매각하여 대가를 보관할 수 있다."라고 규정하면서(제132조 제1항), "법령상 생산·제조·소지·소유 또는 유통이 금지된 압수물로서 부패의 염려가 있거나 보관하기 어려운 압수물은 소유자 등 권한 있는 자의 동의를 받아 폐기할 수 있다."라고 규정하고 있다(제130조 제3항). 따라서 <u>부패의 염려가 있거나 보관하기 어려운 압수물이라 하더라도 법령상 생산·제조·소지·소유 또는 유통이 금지되어 있고, 권한 있는 자의 동의를 받지 못하는 한 이를 폐기할 수 없고, 만약 그러한 요건이 갖추어지지 않았음에도 폐기하였다면 이는 위법하다</u>(대판 2022.1.14. 2019다282197).

정답 | (1) ○, (2) ○, (3) ○

★
18 형사소송법 제417조의 준항고는 항고의 실익이 있는 한 제기기간에 아무런 제한이 없다. O | X

판결요지

수사기관의 압수물의 환부에 관한 형사소송법 제417조의 준항고는 검사 또는 사법경찰관이 수사 단계에서 압수물의 환부에 관하여 처분을 할 권한을 가지고 있을 경우에 그 처분에 관하여 제기할 수 있는 불복절차이다. 공소제기 이전의 수사 단계에서는 압수물 환부·가환부에 관한 처분권한이 수사기관에 있으나 공소제기 이후의 단계에서는 위 권한이 수소법원에 있으므로 검사의 압수물에 대한 처분에 관하여 형사소송법 제417조의 준항고로 다툴 수 없다. 또한 형사소송법 제332조에 따라 압수물에 대한 몰수의 선고가 포함되지 않은 판결이 확정된 때에는 압수가 해제된 것으로 간주되므로 이 경우 검사에게는 압수물 환부에 대한 처분을 할 권한이 없다. 한편 <u>형사소송법 제417조의 준항고에 관하여 같은 법 제419조는 같은 법 제409조의 보통항고의 효력에 관한 규정을 준용하고 있다. 따라서 형사소송법 제417조의 준항고는 항고의 실익이 있는 한 제기기간에 아무런 제한이 없다</u>(대결 2024.3.12. 2022모2352).

정답 | ○

공소제기 후의 임의수사

| 관련판례 |

헌법은 제12조 제1항 후문에서 적법절차의 원칙을 천명하고, 제27조에서 재판받을 권리를 보장하고 있다. 형사소송법은 이를 실질적으로 구현하기 위하여, 피고사건에 대한 실체심리가 공개된 법정에서 검사와 피고인 양 당사자의 공격 · 방어활동에 의하여 행해져야 한다는 당사자주의와 공판중심주의, 공소사실의 인정은 법관의 면전에서 직접 조사한 증거만을 기초로 해야 한다는 직접심리주의와 증거재판주의를 기본원칙으로 채택하고 있다. 이에 따라 공소가 제기된 후에는 그 사건에 관한 형사절차의 모든 권한이 사건을 주재하는 수소법원에 속하게 되며, 수사의 대상이던 피의자는 검사와 대등한 당사자인 피고인의 지위에서 방어권을 행사하게 된다. 이러한 형사소송법의 기본원칙에 비추어 보면, 검사가 공판기일에 증인으로 신청하여 신문할 사람을 특별한 사정 없이 미리 수사기관에 소환하여 면담하는 절차를 거친 후 증인이 법정에서 피고인에게 불리한 내용의 진술을 한 경우, 검사가 증인신문 전 면담 과정에서 증인에 대한 회유나 압박, 답변 유도나 암시 등으로 증인의 법정진술에 영향을 미치지 않았다는 점이 담보되어야 증인의 법정진술을 신빙할 수 있다고 할 것이다. 검사가 증인신문 준비 등 필요에 따라 증인을 사전 면담할 수 있다고 하더라도 법원이나 피고인의 관여 없이 일방적으로 사전 면담하는 과정에서 증인이 훈련되거나 유도되어 법정에서 왜곡된 진술을 할 가능성도 배제할 수 없기 때문이다. 증인에 대한 회유나 압박 등이 없었다는 사정은 검사가 증인의 법정진술이나 면담 과정을 기록한 자료 등으로 사전면담 시점, 이유와 방법, 구체적 내용 등을 밝힘으로써 증명하여야 한다(대판 2021.6.10. 2020도15891).[12]

검사의 불기소처분에 대한 불복

---

[12] 증명력에 관한 판례이지만, 판례의 취지가 동일하여 함께 실어두었다.

제3편

공소제기

제3편 | 공소제기

공소권남용이론

공소장

01 공소사실의 기재 중 범죄의 '일시'가 공소시효 완성 여부를 판별할 수 없을 정도로 개괄적으로 기재되었다면 공소사실이 특정되었다고 볼 수 없다.

O | X

판결요지

공소사실의 기재는 범죄의 일시, 장소와 방법을 명시하여 사실을 특정할 수 있도록 하여야 하고(형사소송법 제254조 제4항), 이와 같이 공소사실의 특정을 요구하는 법의 취지는 법원에 대하여 심판의 대상을 한정하고 피고인에게 방어의 범위를 특정하여 그 방어권 행사를 쉽게 해 주기 위한 데에 있는 것이므로, 범죄의 '일시'는 이중기소나 시효에 저촉되는지 식별할 수 있을 정도로 기재하여야 한다. 따라서 범죄의 '일시'가 공소시효 완성 여부를 판별할 수 없을 정도로 개괄적으로 기재되었다면 공소사실이 특정되었다고 볼 수 없다. 검사는 가능한 한 공소제기 당시의 증거에 의하여 이를 특정함으로써 피고인의 정당한 방어권 행사에 지장을 초래하지 않도록 하여야 할 것이다. 범죄의 일시·장소 등을 특정 일시나 상당한 범위 내로 특정할 수 없는 부득이한 사정이 존재하지 아니함에도 공소의 제기 혹은 유지의 편의를 위하여 범죄의 일시·장소 등을 지나치게 개괄적으로 표시함으로써 사실상 피고인의 방어권 행사에 지장을 가져오는 경우에는 형사소송법 제254조 제4항에서 정하고 있는 구체적인 범죄사실의 기재가 있는 공소장이라고 할 수 없다(대판 2021.11.11. 2021도11454 참조). 공소사실이 특정되지 아니한 부분이 있다면, 법원은 검사에게 석명을 구하여 특정을 요구하여야 하고, 그럼에도 검사가 이를 특정하지 않는다면 그 부분에 대해서는 공소를 기각할 수밖에 없다(대판 2022.11.17. 2022도8257; 대판 2023.4.27. 2023도2102).

정답 | O

관련판례

1 포괄일죄에 관해서는 일죄의 일부를 구성하는 개개의 행위에 대하여 구체적으로 특정되지 아니하더라도 전체 범행의 시기와 종기, 범행방법, 피해자나 상대방, 범행횟수나 피해액의 합계 등을 명시하면 이로써 그 범죄사실은 특정되는 것이다. 공소사실 기재 범행은 피고인이 2017. 10. 10.부터 2017. 10. 12.까지 자신이 운영하던 성매매업소에서 성매매 광고를 보고 방문한 손님들에게 대금 10만 원을 받고 종업원인 태국 국적 여성 6명과의 성매매를 알선하였다는 것으로서 모두 동일한 죄명과 법조에 해당하는 것으로 단일하고 계속된 범의하에 시간적으로 근접하여 동일한 장소에서 동일한 방법으로 이루어졌고 피해법익 역시 동일하여 포괄하여 일죄에 해당할 뿐, 실체적 경합 관계에 있다고 보기 어렵다. 원심이 공소를 기각한 이 부분 공소사실에는 범행의 시기와 종기, 범행의 장소, 고용한 성매매 여성의 수가 특정되어 있고, 성매매 광고를 보고 연락한

불특정 다수의 남성 손님들에게 10만 원의 성매매 대금을 받고 성매매를 알선하였다는 내용으로 성매매알선의 방법 또한 특정되어 있다. 한편 구체적인 성매수자, 범행횟수 등이 기재되지 않았더라도 법원에 대하여 심판의 대상을 한정하고 피고인에게 방어의 범위를 특정함으로써 방어권 행사를 쉽게 하는 데에 지장이 없는 이상 공소사실이 특정되지 않았다고 볼 것은 아니다. 이러한 사정들을 앞서 본 포괄일죄의 공소사실 특정에 관한 법리에 비추어 살펴보면, <u>이 부분 공소사실은 특정되었다고 볼 수 있다</u>(대판 2023.6.29. 2020도3626).

2 전자금융거래법 제6조 제3항 제3호❶에서 정한 '범죄'는 피고인이 목적으로 하거나 인식한 내용에 해당하므로 피고인의 방어권 보장 등을 위하여 공소사실에 특정될 필요가 있다. 위 조항의 신설 취지 등에 비추어 공소사실에 '범죄'에 관하여 범죄 유형이나 종류가 개괄적으로라도 특정되어야 하나, 실행하려는 범죄의 내용이 구체적으로 특정되지 않았다고 하여 공소사실이 특정되지 않았다고 볼 것은 아니다(대판 2023.8.31. 2021도17151).

★
02 검사가 기명날인 또는 서명이 없는 상태로 공소장을 관할법원에 제출한 경우, 공소제기의 효력은 무효이며 이때 검사가 공소장에 기명날인 또는 서명을 추후 보완하는 등의 방법으로도 공소제기는 유효하게 될 수 없다.   O | X

판결요지

공소를 제기하려면 공소장을 관할법원에 제출하여야 한다(형사소송법 제254조 제1항). <u>공무원이 작성하는 서류</u>에는 법률에 다른 규정이 없는 때에는 작성 연월일과 소속공무소를 기재하고 <u>기명날인 또는 서명하여야 한다</u>(형사소송법 제57조 제1항). 여기서 '공무원이 작성하는 서류'에는 검사가 작성하는 공소장이 포함되므로, 검사가 기명날인 또는 서명이 없는 상태로 공소장을 관할법원에 제출하는 것은 형사소송법 제57조 제1항에 위반된다. 이와 같이 <u>법률이 정한 형식을 갖추지 못한 채 공소장을 제출한 경우에는 특별한 사정이 없는 한 공소제기의 절차가 법률의 규정을 위반하여 무효인 때</u>(형사소송법 제327조 제2호)에 해당(저자 주 : 원칙)한다. 다만 이 경우 <u>공소를 제기한 검사가 공소장에 기명날인 또는 서명을 추후 보완하는 등의 방법으로 공소제기가 유효하게 될 수</u>(저자 주: 예외) <u>있다</u>(대판 2021.12.16. 2019도17150).   **정답 | ✕**

| 관련판례 | − 공소장에 검사의 간인이 없으나 공소장의 형식과 내용이 연속된 것으로 일체성이 인정되고 동일한 검사가 작성하였다고 인정되는 경우 공소장 및 공소제기 유효 −

공소를 제기하려면 공소장을 관할법원에 제출하여야 한다(형사소송법 제254조 제1항). 공무원이 작성하는 서류에는 간인하거나 이에 준하는 조치를 하여야 한다(형사소송법 제57조 제2항). 여기서 '공무원이 작성하는 서류'에는 검사가 작성하는 공소장이 포함된다. '간인'은 서류작성자의 간인으로서 1개의 서류가 여러 장으로 되어 있는 경우 그 서류의 각 장 사이에 겹쳐서 날인하는 것이다. 이는 서류 작성 후 그 서류의 일부가 누락되거나 교체되지 않았다는 사실을 담보하기 위한 것이다. 따라서 공소장에 검사의 간인이 없더라도 그 공소장의 형식과 내용이 연속된 것으로 <u>일체성이 인정되고 동일한 검사가 작성하였다고 인정되는 한</u> 그 공소장을 형사소송법 제57조 제2항에 위반되어 효력이 없

---

❶ 제6조(접근매체의 선정과 사용 및 관리) ③ 누구든지 접근매체를 사용 및 관리함에 있어서 다른 법률에 특별한 규정이 없는 한 다음 각 호의 행위를 하여서는 아니 된다. 다만, 제18조에 따른 선불전자지급수단이나 전자화폐의 양도 또는 담보제공을 위하여 필요한 경우(제3호의 행위 및 이를 알선·중개하는 행위는 제외한다)에는 그러하지 아니하다.
3. 범죄에 이용할 목적으로 또는 범죄에 이용될 것을 알면서 접근매체를 대여받거나 대여하는 행위 또는 보관·전달·유통하는 행위

는 서류라고 할 수 없다. 이러한 공소장 제출에 의한 공소제기는 그 절차가 법률의 규정에 위반하여 무효인 때(형사소송법 제327조 제2호)에 해당한다고 할 수 없다(대판 2021.12.30. 2019도16259).

★★★
03 상고심이 예비적 공소사실에 대한 원심판결이 잘못되었다는 이유로 원심판결을 전부 파기환송한다면, 환송 후 원심은 예비적 공소사실은 물론 이와 동일체 관계에 있는 주위적 공소사실에 대하여도 이를 심리·판단하여야 한다.   O | X

> **판결요지**
>
> 원래 주위적·예비적 공소사실의 일부에 대한 상고제기의 효력은 나머지 공소사실 부분에 대하여도 미치는 것이고, 동일한 사실관계에 대하여 서로 양립할 수 없는 적용법조의 적용을 주위적·예비적으로 구하는 경우에는 예비적 공소사실만 유죄로 인정되고 그 부분에 대하여 피고인만 상고하였다고 하더라도 주위적 공소사실까지 함께 상고심의 심판대상에 포함된다. 이때 상고심이 예비적 공소사실에 대한 원심판결이 잘못되었다는 이유로 원심판결을 전부 파기환송한다면, 환송 후 원심은 예비적 공소사실은 물론 이와 동일체 관계에 있는 주위적 공소사실에 대하여도 이를 심리·판단하여야 한다 (대판 2023.12.28. 2023도10718).❷   정답 | O

공소장일본주의

공소시효

04 구 형사소송법(2007. 12. 21. 법률 제8730호로 개정되기 전의 것, 이하 같다) 제249조는 '공소시효의 기간'이라는 표제 아래 제1항 본문 및 각호에서 공소시효는 법정형에 따라 정해진 일정 기간의 경과로 완성한다고 규정하고, 제2항에서 "공소가 제기된 범죄는 판결의 확정이 없이 공소를 제기한 때로부터 15년을 경과하면 공소시효가 완성한 것으로 간주한다."라고 규정하였다. 2007. 12. 21. 법률 제8730호로 형사소송법이 개정되면서 제249조 제1항 각호에서 정한 시효의 기간이 연장되고, 제249조 제2항에서 정한 시효의 기간도 '15년'에서 '25년'으로 연장되었는데, 위와 같이 개정된 형사소송법(이하 '개정 형사소송법'이라 한다) 부칙 제3조(이하 '부칙조항'이라 한다)는 '공소시효에 관한 경과조치'라는 표제 아래 "이 법 시행 전에 범한 죄에 대하여는 종전의 규정을 적용한다."라고 규정하고 있다. 따라서 개정 형사소송법 시행 전에 범한 죄에 대해서는 부칙조항에 따라 구 형사소송법 제249조 제2항이 적용되어 판결의 확정 없이 공소를 제기한 때로부터 15년이 경과하면 공소시효가 완성한 것으로 간주된다.   O | X

---

❷ 검사는 '피고인이 인감증명서를 작성하여 발급하였다'는 동일한 사실관계에 대하여 주위적으로는 형법 제225조(공문서위조죄), 예비적으로는 형법 제227조(허위공문서작성죄)의 적용을 구하였고, 위와 같은 적용법조들은 서로 양립할 수 없다. 대법원은 예비적 공소사실에 대한 환송 전 원심판결이 잘못되었다는 이유로 이를 전부 파기환송하였으므로, 원심으로서는 주위적 공소사실에 대하여 이를 심리·판단한 후, 주위적 공소사실을 유죄로 판단하지 않는 경우에 한하여 예비적 공소사실을 심리·판단하였어야 한다. 그럼에도 원심은 위 인감증명서 발급에 관한 주위적 공소사실에 대하여 실질적인 심리·판단을 하지 않은 채 환송 전 원심의 판단을 유지하고, 예비적 공소사실에 대한 판단으로 나아가 이를 무죄로 판단하였다. 이러한 원심 판단에는 파기환송 후 항소심의 심판대상에 관한 법리를 오해하여 판결에 영향을 미친 잘못이 있다. 이 점을 지적하는 검사의 상고이유 주장은 이유 있다.

(대판 2022.8.19. 2020도1153)   정답 | ○

| 관련판례 |

공소시효를 정지·연장·배제하는 특례조항을 신설하면서 소급적용에 관한 명시적인 경과규정을 두지 않은 경우 그 조항을 소급하여 적용할 수 있는지에 관해서는 보편타당한 일반원칙이 존재하지 않고, 적법절차원칙과 소급금지원칙을 천명한 헌법 제12조 제1항과 제13조 제1항의 정신을 바탕으로 하여 법적 안정성과 신뢰보호원칙을 포함한 법치주의 이념을 훼손하지 않는 범위에서 신중히 판단해야 한다(대판 2021.2.25. 2020도3694).

★★
05   형사소송법 제253조 제3항에서 정지의 대상으로 규정한 '공소시효'는 범죄행위가 종료한 때로부터 진행하고 공소의 제기로 정지되는 구 형사소송법 제249조 제1항의 시효를 뜻하고, 그 시효와 별개로 공소를 제기한 때로부터 일정 기간이 경과하면 공소시효가 완성된 것으로 간주된다고 규정한 구 형사소송법 제249조 제2항에서 말하는 '공소시효'는 여기에 포함되지 않는다.   O | X

판결요지

구 형사소송법(2007. 12. 21. 법률 제8730호로 개정되기 전의 것, 이하 같다) 규정에 따르면, 공소시효는 범죄행위가 종료한 때로부터 진행하여 법정형에 따라 정해진 일정 기간의 경과로 완성한다(제252조 제1항, 제249조 제1항). 공소시효는 공소의 제기로 진행이 정지되지만(제253조 제1항 전단), 판결의 확정이 없이 공소를 제기한 때로부터 15년이 경과되면 공소시효가 완성한 것으로 간주된다(제249조 제2항). 형사소송법 제253조 제3항은 "범인이 형사처분을 면할 목적으로 국외에 있는 경우 그 기간 동안 공소시효는 정지된다."라고 규정하고 있다. 위 조항의 입법 취지는 범인이 우리나라의 사법권이 실질적으로 미치지 못하는 국외에 체류한 것이 도피의 수단으로 이용된 경우에 그 체류기간 동안은 공소시효가 진행되는 것을 저지하여 범인을 처벌할 수 있도록 하여 형벌권을 적정하게 실현하고자 하는 데 있다. 위와 같은 법 문언과 취지 등을 종합하면, <u>형사소송법 제253조 제3항에서 정지의 대상으로 규정한 '공소시효'는 범죄행위가 종료한 때로부터 진행하고 공소의 제기로 정지되는 구 형사소송법 제249조 제1항의 시효를 뜻하고, 그 시효와 별개로 공소를 제기한 때로부터 일정 기간이 경과하면 공소시효가 완성된 것으로 간주된다고 규정한 구 형사소송법 제249조 제2항에서 말하는 '공소시효'는 여기에 포함되지 않는다고 봄이 타당하다. 따라서 공소제기 후 피고인이 처벌을 면할 목적으로 국외에 있는 경우에도, 그 기간 동안 구 형사소송법 제249조 제2항에서 정한 기간의 진행이 정지되지는 않는다</u>(대판 2022.9.29. 2020도13547).   정답 | ○

06 변호사법 제113조 제5호, 제31조 제1항 제3호 위반죄의 공소시효 기산점은 수임행위가 종료한 때이다. O | X

판결요지

(대판 2022.1.14. 2017도18693)

정답 | O

공소장변경

★
07 검사가 공소장변경허가신청서를 제출하지 않고 공소사실에 대한 검사의 의견을 기재한 서면을 제출한 경우, 이를 곧바로 공소장변경허가신청서를 제출한 것으로 볼 수 있다. O | X

판결요지

검사는 법원의 허가를 얻어 공소장에 기재한 공소사실 또는 적용법조의 추가·철회 또는 변경을 할 수 있다. 이 경우에 법원은 공소사실의 동일성을 해하지 아니하는 한도에서 허가하여야 한다(형사소송법 제298조 제1항). 검사가 형사소송법 제298조 제1항에 따라 공소장에 기재한 공소사실 또는 적용법조의 추가·철회 또는 변경을 하고자 하는 때에는 그 취지를 기재한 공소장변경허가신청서를 법원에 제출하여야 하고, 다만 피고인이 재정하는 공판정에서는 피고인에게 이익이 되거나 피고인이 동의하는 경우 구술에 의한 공소장변경을 허가할 수 있다(형사소송규칙 제142조 제1항, 제5항). 따라서 검사가 공소장변경허가신청서를 제출하지 않고 공소사실에 대한 검사의 의견을 기재한 서면을 제출하였더라도 이를 곧바로 공소장변경허가신청서를 제출한 것이라고 볼 수는 없다(대판 2022.1.13. 2021도13108).

정답 | X

★
08 공소장변경절차를 거치지 않고서도 직권으로 당초 공소사실과 다른 공소사실에 대하여 유죄를 인정할 수 있는 예외적인 경우임에도 공소장변경절차를 거친 다음 변경된 공소사실을 유죄로 인정하는 것은 위법하다. O | X

판결요지

공소사실은 법원의 심판대상을 한정하고 피고인의 방어범위를 특정함으로써 피고인의 방어권을 보장하는 의미를 가지므로, 법원이 당초 공소사실과 다른 공소사실을 심판대상으로 삼아 유죄를 인정하기 위해서는 불고불리 원칙 및 피고인의 방어권 보장 등 형사소송의 기본원칙에 따라 공소장변경절차를 거치는 것이 원칙이다. 다만 공소사실의 기본적 요소에 실질적인 영향을 미치지 않은 단순한 일시·장소·수단 등에 관한 사항 또는 명백한 오기의 정정에 해당하는 등 피고인이 방어권을 실질적으로 행사함에 지장이 없는 경우에는 예외적으로 공소장변경절차를 거치지 않고서도 직권으로 당초 공소사실과 동일성이 인정되는 범위 내의 다른 공소사실에 대하여 유죄를 인정할 수 있다. 따라서 공소장변경절차를 거쳐야 하는 경우임에도 이를 거치지 않은 채 직권으로 당초 공소사실과 다른 공소사실에 대하여 유죄를 인정하는 것은 피고인의 방어권을 침해하거나 불고불리 원칙에 위반되어 허용될 수 없지만, 공소장변경절차를 거치지 않고서도 직권으로 당초 공소사실과 다른 공소사실에 대하여 유죄를 인정할 수 있는 예외적인 경우임에도 공소장변경절차를 거친 다음 변경된 공소사실을 유죄로 인정하는 것은 심판대상을 명확히 특정함으로써 피고인의 방어권 보장을 강화하는 것이므로 특별한 사정이 없는 한 위법하다고 볼 수 없다(대판 2022.12.15. 2022도10564).   정답 Ⅰ ✕

09 검사의 서면에 의한 공소장변경허가신청이 있는데도 법원이 피고인 또는 변호인에게 공소장변경 허가신청서 부본을 송달·교부하지 않은 채 공소장변경을 허가하고 공소장변경허가신청서에 기재된 공소사실에 관하여 유죄판결을 하였다면, 공소장변경허가신청서 부본을 송달·교부하지 않은 법원의 잘못은 판결에 영향을 미친 법령 위반에 해당한다. 다만, 공소장변경 내용이 피고인의 방어권과 변호인의 변호권 행사에 지장이 없는 것이거나 피고인과 변호인이 공판기일에서 변경된 공소사실에 대하여 충분히 변론할 기회를 부여받는 등 피고인의 방어권이나 변호인의 변호권이 본질적으로 침해되지 않았다고 볼 만한 특별한 사정이 있다면 판결에 영향을 미친 법령 위반이라고 할 수 없다.   O | X

판결요지

피고인이 강제추행죄로 기소되어 제1심에서 무죄가 선고되자 검사가 항소심에서 공연음란죄를 예비적으로 추가하는 공소장변경허가신청서를 제출하였는데 원심이 공소장변경허가신청서 부본을 피고인 또는 변호인에게 송달하거나 교부하지 않은 채 공판절차를 진행하여 기존 공소사실에 대하여 무죄로 판단한 제1심판결을 파기하고 예비적 공소사실을 유죄로 판단한 사안에서, 공연음란죄는 강제추행죄와 비교하여 행위 양태, 보호법익, 죄질과 법정형 등에서 차이가 있어, 기존 공소사실과 예비적 공소사실은 심판대상과 피고인의 방어대상이 서로 달라 피고인의 방어권이나 변호인의 변호권을 본질적으로 침해한 것으로 볼 수 있으므로, 원심판결에는 공소장변경절차에 관한 법령을 위반하여 판결에 영향을 미친 잘못이 있다(대판 2021.6.30. 2019도7217).   정답 Ⅰ ○

10 법원은 검사의 공소장변경허가신청에 대해 결정의 형식으로 이를 허가 또는 불허가 하고, 법원의 허가 여부 결정은 공판정 외에서 별도의 결정서를 작성하여 고지하거나 공판정에서 구술로 하고 공판조서에 기재할 수도 있다. 만일 공소장변경허가 여부 결정을 공판정에서 고지하였다면 그 사실은 공판조서의 필요적 기재사항이다.   O | X

판결요지

[1] 법원은 검사의 공소장변경허가신청에 대해 결정의 형식으로 이를 허가 또는 불허가 하고, 법원의 허가 여부 결정은 공판정 외에서 별도의 결정서를 작성하여 고지하거나 공판정에서 구술로 하고 공판조서에 기재할 수도 있다. 만일 공소장변경허가 여부 결정을 공판정에서 고지하였다면 그 사실은 공판조서의 필요적 기재사항이다(형사소송법 제51조 제2항 제14호). 공소장변경허가신청이 있음에도 공소장변경허가 여부 결정을 명시적으로 하지 않은 채 공판절차를 진행하면 현실적 심판대상이 된 공소사실이 무엇인지 불명확하여 피고인의 방어권 행사에 영향을 줄 수 있으므로 공소장변경허가 여부 결정은 위와 같은 형식으로 명시적인 결정을 하는 것이 바람직하다. 판결 전의 소송절차에 관한

결정에 대하여는 특히 즉시항고를 할 수 있는 경우 외에는 항고를 하지 못하는데(형사소송법 제403조 제1항), 공소사실 또는 적용법조의 추가·철회 또는 변경의 허가에 관한 결정은 판결 전의 소송절차에 관한 결정으로서, 그 결정에 관한 위법이 판결에 영향을 미친 경우에는 그 판결에 대하여 상소를 하는 방법으로만 불복할 수 있다.

[2] 검사가 제1심판결에 대하여 양형부당을 이유로 항소한 다음 원심의 제1회 공판기일이 열리기 전에 먼저 기소된 업무상횡령 공소사실과 상상적 경합관계에 있는 업무상횡령 공소사실을 추가하는 취지임을 밝히며 공소장변경허가신청서를 제출하였으나, 원심이 공판정 외에서 공소장변경허가신청에 대한 결정을 하지 않았을 뿐만 아니라 공판조서 등 기록에 원심에서 공소장변경허가 여부를 결정한 소송절차가 진행되었다는 내용이 없이, 제1회 공판기일을 진행하여 변론을 종결하고 검사의 항소를 기각하여 제1심판결을 그대로 유지한 사안에서, 원심은 검사의 공소장변경허가신청서 제출에 의한 공소장변경허가신청이 있었음에도 이를 간과하고 허가 여부를 결정하지 않은 채 절차를 진행한 것으로 의심되는 점, 공소장변경허가신청 전후의 공소사실은 업무상횡령의 피해자를 추가한 부분과 전체 횡령금액만을 달리할 뿐 그 밖에 횡령의 일시, 장소, 방법 등이 모두 동일하여 그 기본적 사실관계가 동일하므로 공소사실의 동일성을 해하지 않는 점을 종합하면, 원심은 검사가 서면으로 제출한 공소장변경허가신청에 대하여 허가 여부를 결정해야 하고, 나아가 상상적 경합관계에 있는 수죄 가운데 당초 공소를 제기하지 아니한 공소사실을 추가하는 내용의 공소장변경을 허가하여 추가된 공소사실에 대하여 심리·판단했어야 하므로, 이러한 조치 없이 검사의 항소를 기각한 원심판결에 법리오해 등의 잘못이 있다고 한 사례(대판 2023.6.15. 2023도3038). **정답 | O**

★★★
11 준강간죄의 장애미수 공소사실에 관한 심리결과 준강간죄의 불능미수 범죄사실이 인정되는 경우 법원은 직권으로 심판할 의무가 있다. **O | X**

판결요지

법원은 공소사실의 동일성이 인정되는 범위 내에서 심리의 경과에 비추어 **피고인의 방어권 행사에 실질적인 불이익**을 초래할 염려가 없다고 인정되는 때에는, 공소장이 변경되지 않았더라도 직권으로 공소장에 기재된 공소사실과 다른 범죄사실을 인정할 수 있고, 이와 같은 경우 공소가 제기된 범죄사실과 대비하여 볼 때 실제로 인정되는 범죄사실의 사안이 가볍지 아니하여 공소장이 변경되지 않았다는 이유로 이를 처벌하지 않는다면 적정절차에 의한 신속한 실체적 진실의 발견이라는 형사소송의 목적에 비추어 **현저히 정의와 형평에 반하는 것**으로 인정되는 경우라면 법원으로서는 직권으로 그 범죄사실을 인정하여야 한다.

[사실관계] 피고인이 술에 취하여 잠이 들어 항거불능 상태에 있던 피해자를 간음하려 하였으나 정신을 차린 피해자가 거부하며 항의하는 바람에 미수에 그쳤다는 이유로 준강간죄의 장애미수로 기소된 사안임.

[판례해설] 원심은, 피고인에게 준강간 고의가 있었던 것으로는 보이나 당시 피해자가 항거불능 상태에 있었다는 점에 관한 증명이 부족하여 준강간죄의 장애미수가 성립한다고 볼 수 없고, 피고인의 행위를 준강간죄의 불능미수로 의율할 수는 있다고 보이나 피고인의 방어권 행사에 실질적인 불이익을 초래할 염려가 있으므로 공소장변경 없이 직권으로 준강간죄의 불능미수 범죄사실을 인정할 수는 없다는 이유로, 무죄로 판단하였음.

그러나 대법원은 피고인의 행위가 준강간죄의 불능미수에 해당한다고 볼 수 있고, 나아가 ① 이 사건 공소사실과 준강간죄의 불능미수 범죄사실 사이에 범행일시, 장소, 피고인의 구체적 행위 등 기본적 사실에 차이가 없고, ② 공판 과정에서 준강간의 고의, 피해자의 항거불능 상태는 물론 준강간의 결과 발생 위험성에 관한 판단근거가 될 수 있는 피고인이 당시 인식한 피해자의 상태에 관한 공방 및 심리가 모두 이루어졌고 검사가 항소이유서에서 준강간죄의 불능미수 성립을 주장하고 피고인의 변호인이 그에 대한 답변서를 제출하기도 하여 직권으로 준강간죄 불능미수의 범죄사실을 인정하더라도 피고인의 방어권 행사에 실질적인 불이익을 초래할 염려가 있다고 볼 수 없으며, ③ 준강간죄의 불능미수가 중대한 범죄이고, 준강간죄의 장애미수와 사이에 범죄의 중대성, 죄질, 처벌가치 등 측면에서 별다른 차이가 없어, 공소장이 변경되지 않았다는 이유로 이를 처벌하지 않는다면 적정절차에 의한 신속한 실체적 진실의 발견이라는 형사소송의 목적에 비추어 현저히 정의와 형평에 반하므로 원심으로서는 준강간죄의 불능미수 범죄사실을 직권으로 인정하였어야 한다고 보아, 이 사건 공소사실을 무죄로 판단한 원심을 파기·환송함.❸   정답 ㅣ ○

▌관련판례 ▌

1 [1] 형사소송법 제298조 제1항의 규정에 의하면, 검사는 법원의 허가를 얻어 공소장에 기재한 공소사실 또는 적용법조의 추가·철회 또는 변경을 할 수 있고, 법원은 공소사실의 동일성을 해하지 아니하는 한도에서 이를 허가하여야 한다고 되어 있는바, 이 규정의 취지는 검사의 공소장 변경허가신청이 공소사실의 동일성을 해하지 아니하는 한 법원은 이를 허가하여야 한다는 뜻으로 해석되고(대판 1999.4.13. 99도375, 대판 1999.5.14. 98도1438 등 참조), 공소사실의 동일성은 그 사실의 기초가 되는 사회적 사실관계가 기본적인 점에서 동일하면 그대로 유지되는 것이나, 이러한 기본적 사실관계의 동일성을 판단함에 있어서는 그 사실의 동일성이 갖는 법률적 기능을 염두에 두고 피고인의 행위와 그 사회적인 사실관계를 기본으로 하되 규범적 요소도 아울러 고려하여야 한다.
   [2] 변경 전·후의 공소사실은 모두 목재이용법에 따라 미리 규격·품질 검사를 받아야 함에도 그와 같은 검사를 받지 않은 목탄 및 성형목탄을 국내로 수입하는 행위에 관한 것으로서, 행위의 주체, 범행의 일시 및 장소, 행위의 객체인 물품 및 수량, 검사의무의 근거가 되는 법률, 행위태양 등 공소사실의 기초되는 사실관계가 기본적인 점에서 동일하다고 볼 수 있다(대판 2021.7.21. 2020 도13812).

2 피고인의 공소사실은 공소외인으로부터 매매대금 명목으로 695,150,000원을 지급받고 공소외인에게 양구 토지의 소유권을 이전하여 실거래금액으로 신고한 540,000,000원과의 차액인 155,150,000원을 뇌물로 수수하였다는 것인데 원심이 양구 토지의 시가를 확정할 수 없는 등 그 판시와 같은 사정을 들어 위 공소사실 중 '실거래금액으로 신고한 540,000,000원과의 차액인 155,150,000원을 뇌물로 수수하였다'라는 부분을 공소장 변경 없이 '액수 미상 시가와의 차액 상당의 재산상 이익 및 농지취득자격증명을 필요로 하여 본등기를 경료할 수 없는 토지를 처분하여 현금화하는 재산상 이익을 취득하여 뇌물로 수수하였다'라는 범죄사실로 변경하여 유죄로 인정하였는데 이는 피고인의 방어권 행사에 실질적인 불이익을 초래한다고 보아야 한다(대판 2021.6.24. 2021도3791).

---

❸ 이 사건에서 대법원은 법원이 공소장변경 없이도 준강간죄의 불능미수를 직권으로 인정할 수 있고, 나아가 준강간죄의 불능미수를 직권으로 인정할 의무도 있다고 판시하였다.

제4편

소송주체와 일반이론

법원의 관할

제척 · 기피 · 회피

피고인

01 형사소송법 제248조에 따라 공소는 검사가 피고인으로 지정한 이외의 다른 사람에게 그 효력이 미치지 아니하는 것이므로 공소제기의 효력은 검사가 피고인으로 지정한 자에 대하여만 미치는 것이고, 따라서 피의자가 다른 사람의 성명을 모용한 탓으로 공소장에 피모용자가 피고인으로 표시되었더라도 이는 당사자의 표시상의 착오일 뿐이고, 검사는 모용자에 대하여 공소를 제기한 것이므로 모용자가 피고인이 되고 피모용자에게 공소의 효력이 미친다고는 할 수 없다. 이와 같은 법리는 「경범죄 처벌법」에 따른 경찰서장의 통고처분의 효력에도 마찬가지로 적용된다고 보아야 한다. O | X

판결요지

(대판 2023.3.16. 2023도751) 정답 | O

변호인

★★★
02 형사소송법 제33조 제1항 제1호의 '피고인이 구속된 때'라고 함은 피고인이 해당 형사사건에서 구속되어 재판을 받고 있는 경우에 한정된다고 볼 수 없고, 피고인이 별건으로 구속영장이 발부되어 집행되거나 다른 형사사건에서 유죄판결이 확정되어 그 판결의 집행으로 구금 상태에 있는 경우 또한 포괄하고 있다고 보아야 한다. O | X

형사소송법 제33조 제1항 제1호의 문언, 위 법률조항의 입법 과정에서 고려된 '신체의 자유', '변호인의 조력을 받을 권리', '공정한 재판을 받을 권리' 등 헌법상 기본권 규정의 취지와 정신 및 입법 목적 그리고 피고인이 처한 입장 등을 종합하여 보면, 형사소송법 제33조 제1항 제1호의 '피고인이 구속된 때'라고 함은 피고인이 해당 형사사건에서 구속되어 재판을 받고 있는 경우에 한정된다고 볼 수 없고, 피고인이 별건으로 구속영장이 발부되어 집행되거나 다른 형사사건에서 유죄판결이 확정되어 그 판결의 집행으로 구금 상태에 있는 경우 또한 포괄하고 있다고 보아야 한다.

구체적인 이유는 다음과 같다.

1) 헌법 그리고 입법 목적을 고려한 해석

가) 헌법 제12조는 제1항 제1문에서 "모든 국민은 신체의 자유를 가진다."라고 규정하고 그에 이어 제1항 제2문 내지 제7항에서 신체의 자유를 위한 일련의 절차적 보장을 규정하고 있다. 특히 헌법 제12조 제4항 본문은 신체의 자유를 보장하기 위한 절차적 권리로서 누구든지 '체포 또는 구속을 당한 때 즉시 변호인의 조력을 받을 권리'를 가진다고 규정하였다. 나아가 헌법 제12조 제4항 단서에서는 "형사피고인이 스스로 변호인을 구할 수 없을 때에는 법률이 정하는 바에 의하여 국가가 변호인을 붙인다."라고 하여 국회로 하여금 국선변호인 제도를 입법하도록 명시하고 있다.

나) 국회는 2006. 7. 19. 법률 제7965호로 형사소송법을 개정하면서 '피고인이 구속된 때'를 필요적 국선변호인 선정사유로 처음 규정하였는데, 그 이유로 내세운 것 역시 '국선변호인 제도를 두고 있는 헌법 정신을 구체화하고 형사절차에서 침해될 수 있는 인신의 자유, 절차적 기본권 등 국민의 인권을 최대한 보장하기 위하여 구속 피고인에 대하여도 필요적으로 국선변호인을 선정하도록 하려는 것'이었다.

다) 관련 **헌법규정의 취지와 정신 그리고 입법 목적을 고려하면**, 형사소송법 제33조 제1항 제1호의 제도적 의의를 다음과 같이 이해할 수 있다.

라) 국선변호인을 반드시 선정할 상황으로 입법자가 상정한 '피고인이 구속된 때'를 '해당 형사사건에서 구속되어 재판을 받는 경우'로 굳이 한정하여 해석할 것은 아니다. 피고인이 별건으로 구속영장이 발부되어 집행되거나 다른 형사사건에서 유죄판결이 확정되어 그 판결의 집행으로 구금 상태에 있는 경우 또한 필요적 국선변호인 선정사유인 '피고인이 구속된 때'에 해당한다고 보아야 한다. 여러 죄를 범한 동일 피고인에 대하여 검사가 그중 일부를 분리기소하거나 법원이 별건으로 계속 중인 사건을 병합하는지 여부, 일부 죄에 대한 판결이 먼저 확정되는지 여부와 그 시기 등에 따라 '해당 형사사건에서의 구속 상태', '별건 구속 상태', '다른 형사사건에서 유죄로 확정되어 형 집행 중인 상태'로 구금 상태의 유형이 달라질 수 있는데, 구금 상태로 인한 정신적·육체적 제약이나 사회와의 단절 등으로 국가의 형벌권 행사에 대한 피고인의 방어권이 크게 제약된다는 실질이나 제약된 방어력의 보충을 위해 국선변호인의 선정이 요청되는 정도는 구금 상태의 이유나 상황에 관계없이 모두 동일하기 때문이다. 이러한 해석은 특별히 신체구속을 당한 사람에 대하여 변호인의 조력을 받을 권리를 기본권으로 보장하고 있는 등 관련 헌법규정의 취지와 정신을 가장 잘 실현할 수 있도록 하면서 입법 목적 또한 충실하게 구현할 수 있게 하는 것이다. 나아가 국선변호인 제도가 경제적 약자의 형사사법절차상 권리를 실질적으로 보장하기 위한 것이므로 그 적용 범위를 되도록 넓게 인정하는 방향으로 국선변호인 제도를 운용할 필요가 있다는 관점에서도 타당성을 찾을 수 있다(대판(전) 2024.5.23. 2021도6357).❶

---

❶ 판결문이 매우 길어 수험에 적합하지 않은 부분은 제외하였다. 사례형으로 출제되었을 경우를 대비하여 사례의 논거로 적시할 만한 부분만을 남겨두었으므로 필요한 수험생은 판례원문을 찾아 일독을 권한다.

[판례해설] 종전 대법원은 형사소송법 제33조 제1항 제1호의 '피고인이 구속된 때'라고 함은, 원래 구속제도가 형사소송의 진행과 형벌의 집행을 확보하기 위하여 법이 정한 요건과 절차 아래 피고인의 신병을 확보하는 제도라는 점 등에 비추어 볼 때 피고인이 해당 형사사건에서 구속되어 재판을 받는 경우를 의미하고, 피고인이 해당 형사사건이 아닌 별개의 사건 즉 별건으로 구속되어 있거나 다른 형사사건에서 유죄로 확정되어 수형 중인 경우는 이에 해당하지 않는다고 판시하여 왔음(대판 2000 도579 등, 이하 '종래의 판례 법리').

그러나 대법원은 전원합의체 판결을 통하여 위와 같은 법리를 설시하면서, 필요적 국선변호인 선정 사유인 '피고인이 구속된 때'를 '해당 형사사건에서 구속되어 재판을 받는 경우'로 한정하여 해석할 것은 아니고, 피고인이 별건으로 구속영장이 발부되어 집행되거나 다른 형사사건에서 유죄판결이 확정되어 그 판결의 집행으로 구금 상태에 있는 경우 또한 이에 해당하는 것이라고 판시하여 필요적 국선변호인 선정사유인 '구속'의 의미를 종래의 판례 법리보다 확대하였음. 이에 따라 국선변호인을 선정하지 않은 채 변호인 없이 피고인만 출석한 상태에서 공판기일을 진행하여 판결을 선고한 원심의 조치에는 소송절차가 형사소송법을 위반하여 판결에 영향을 미친 잘못이 있다고 보아 원심을 파기·환송함. **정답 | ○**

소송행위

소송행위의 하자와 치유

★
03 재소자에 대한 특칙 규정은 집행유예취소결정에 대한 즉시항고권회복청구서의 제출에도 적용된다.
O | X

판결요지

형사소송법은 "교도소 또는 구치소에 있는 피고인이 상소의 제기기간 내에 상소장을 교도소장 또는 구치소장 또는 그 직무를 대리하는 자에게 제출한 때에는 상소의 제기기간 내에 상소한 것으로 간주한다."라는 이른바 재소자에 대한 특칙(제344조 제1항)을 두고 이를 상소권회복의 청구에 준용하도록 하고 있다(제355조). 즉시항고도 상소의 일종이므로 위와 같은 특칙은 집행유예취소결정에 대한 즉시항고권회복청구서의 제출에도 마찬가지로 적용된다(대결 2022.10.27. 2022모1004). **정답 | ○**

제5편

공판

공판절차의 기본원칙

| 관련판례 | ★

> 항소심에서도 피고인의 출석 없이 개정하지 못하는 것이 원칙이지만(형사소송법 제370조, 제276조), 피고인이 항소심 공판기일에 출정하지 않아 다시 기일을 정하였는데도 정당한 사유 없이 그 기일에도 출정하지 않은 때에는 피고인의 진술 없이 판결할 수 있다(형사소송법 제365조). 이와 같이 피고인이 불출석한 상태에서 그 진술 없이 판결하기 위해서는 피고인이 적법한 공판기일 통지를 받고서도 2회 연속으로 정당한 이유 없이 출정하지 않은 경우에 해당하여야 한다. 이때 '적법한 공판기일 통지'란 소환장의 송달(형사소송법 제76조) 및 소환장 송달의 의제(형사소송법 제268조)의 경우에 한정되는 것이 아니라 적어도 피고인의 이름·죄명·출석 일시·출석 장소가 명시된 공판기일 변경명령을 송달받은 경우(형사소송법 제270조)도 포함된다(대판 2022.11.10. 2022도7940).

증인신문

★★★

01 증인신문절차에서 형사소송법 제160조에 따라 증언거부권이 고지되었음에도 불구하고 위와 같이 증인적격이 인정되는 피고인이 자기의 범죄사실에 대하여 증언거부권을 행사하지 아니한 채 허위로 진술하였다면 위증죄가 성립된다고 할 것이다.

O | X

판결요지

> 헌법 제12조 제2항은 "모든 국민은 형사상 자기에게 불리한 진술을 강요당하지 아니한다"고 규정하고 있고, 형사소송법 제283조의2 제1항도 "피고인은 진술하지 아니하거나 개개의 질문에 대하여 진술을 거부할 수 있다."라고 규정하고 있으므로, 공범인 공동피고인은 당해 소송절차에서는 피고인의 지위에 있어 다른 공동피고인에 대한 공소사실에 관하여 증인이 될 수 없으나, 소송절차가 분리되어 피고인의 지위에서 벗어나게 되면 다른 공동피고인에 대한 공소사실에 관하여 증인이 될 수 있다. 한편 형사소송법 제148조는 피고인의 자기부죄거부특권을 보장하기 위하여 자기가 유죄판결을 받을 사실이 드러날 염려가 있는 증언을 거부할 수 있는 권리를 인정하고 있고, 그와 같은 증언거부권 보장을 위하여 형사소송법 제160조는 재판장이 신문 전에 증언거부권을 고지하여야 한다고 규정하고 있으므로, 소송절차가 분리된 공범인 공동피고인에 대하여 증인적격을 인정하고 그 자신의 범죄사실에 대하여 신문한다 하더라도 피고인으로서의 진술거부권 내지 자기부죄거부특권을 침해한다고 할 수 없다. 따라서 증인신문절차에서 형사소송법 제160조에 따라 증언거부권이 고지되었음에도 불구하고 위와 같이 증인적격이 인정되는 피고인이 자기의 범죄사실에 대하여 증언거부권을 행사하지 아니한 채 허위로 진술하였다면 위증죄가 성립된다고 할 것이다(대판 2024.2.29. 2023도7528).❶　　**정답 | O**

___

❶ [판례해설] 공범인 공동피고인의 지위에 있는 피고인들이 소송절차가 분리된 상태에서 증언거부권을 고지 받았음에도 증인으

02 피고인에게 불리한 증거인 증인이 주신문의 경우와 달리 반대신문에 대하여는 답변을 하지 아니하는 등 진술 내용의 모순이나 불합리를 증인신문 과정에서 드러내어 이를 탄핵하는 것이 사실상 곤란하였고, 그것이 피고인 또는 변호인에게 책임 있는 사유에 기인한 것이 아닌 경우, 특별한 사정이 없는 한 증인의 법정진술은 위법한 증거로서 증거능력을 인정할 수 없다. **O | X**

판결요지

형사소송법은 제161조의2에서 피고인의 반대신문권을 포함한 교호신문제도를 규정하는 한편, 제310조의2에서 법관의 면전에서 진술되지 아니하고 피고인에 의한 반대신문의 기회가 부여되지 아니한 진술에 대하여는 원칙적으로 그 증거능력을 부여하지 아니함으로써, 형사재판에서 증거는 법관의 면전에서 진술·심리되어야 한다는 직접주의와 피고인에게 불리한 증거에 대하여 반대신문할 수 있는 권리를 원칙적으로 보장하고 있는데, 이러한 반대신문권의 보장은 피고인에게 불리한 주된 증거의 증명력을 탄핵할 수 있는 기회가 보장되어야 한다는 점에서 형식적·절차적인 것이 아니라 실질적·효과적인 것이어야 한다. 따라서 피고인에게 불리한 증거인 증인이 주신문의 경우와 달리 반대신문에 대하여는 답변을 하지 아니하는 등 진술 내용의 모순이나 불합리를 그 증인신문 과정에서 드러내어 이를 탄핵하는 것이 사실상 곤란하였고, 그것이 피고인 또는 변호인에게 책임 있는 사유에 기인한 것이 아닌 경우라면, 관계 법령의 규정 혹은 증인의 특성 기타 공판절차의 특수성에 비추어 이를 정당화할 수 있는 특별한 사정이 존재하지 아니하는 이상, 이와 같이 실질적 반대신문권의 기회가 부여되지 아니한 채 이루어진 증인의 법정진술은 위법한 증거로서 증거능력을 인정하기 어렵다. 이 경우 피고인의 책문권 포기로 그 하자가 치유될 수 있으나, 책문권 포기의 의사는 명시적인 것이어야 한다 (대판 2022.3.17. 2016도17054). **정답 | O**

03 공판과정에서 피해자가 제출한 탄원서는 피고인에 대한 유죄의 증거로 사용할 수 있다. **O | X**

판결요지

[1] 법원은 피해자 등의 신청이 있는 때에 그 피해자 등을 증인으로 신문하여야 하고(형사소송법 제294조의2 제1항), 피해자 등을 신문하는 경우 피해의 정도 및 결과, 피고인의 처벌에 관한 의견, 그 밖에 당해 사건에 관한 의견을 진술할 기회를 주어야 한다(형사소송법 제294조의2 제2항). 나아가 법원은 필요하다고 인정하는 경우 직권으로 또는 피해자 등의 신청에 따라 피해자 등을 공판기일에 출석하게 하여 형사소송법 제294조의2 제2항에 정한 사항으로서 범죄사실의 인정에 해당하지 않는 사항에 관하여 증인신문에 의하지 아니하고 의견을 진술하거나 의견진술에 갈음하여 의견을 기재한 서면을 제출하게 할 수 있다(형사소송규칙 제134조의10 제1항 및 제134조의11 제1항). 다만 위 각 조항에 따른 진술과 서면은 범죄사실의 인정을 위한 증거로 할 수 없다(형사소송규칙 제134조의12). [2] 피고인이 피해자를 강간하려다가 피해자에게 약 2주간의 치료가 필요한 상해를 가하였다는 강간

로서 선서한 뒤 자기의 범죄사실에 관한 검사의 질문에 대하여 증언거부권을 행사하지 않고 진술을 한 사안임. 원심은, 소송절차가 분리된 공범인 공동피고인은 다른 공범인 공동피고인에 대한 공소사실에 관하여 증인이 될 수 있으나, 증인이 되더라도 자신의 범죄사실에 관련한 질문에 대하여는 피고인의 지위는 여전히 계속되고 그러한 지위는 증인의 지위보다 우선적이므로 피고인이 자신의 방어권 범위 내에서 허위 진술을 하였더라도 위증죄로 처벌할 수 없다고 판단하였음.
대법원은, 위와 같은 법리를 설시하면서, 피고인들이 증언거부권을 고지 받았음에도 증언거부권을 행사하지 아니한 채 허위의 진술을 하였다면, 자신의 범죄사실에 대하여 증인으로서 신문을 받았더라도 피고인으로서의 진술거부권 내지 자기부죄거부특권 등이 침해되었다고 할 수 없어 위증죄가 성립한다고 보아, 피고인들의 증언이 허위의 진술에 해당하는지 여부에 대하여 아무런 판단을 하지 않은 원심을 파기·환송함.

상해의 공소사실이 제1심 및 원심에서 유죄로 인정되었고, 피해자는 제1심 및 원심에서의 재판 절차 진행 중 수회에 걸쳐 탄원서 등 피해자의 의견을 기재한 서류를 제출하였는데, 원심이 피고인의 사실 오인 내지 법리오해 주장에 관하여 판단하면서, 피해자가 한 진술의 신빙성이 인정되는 사정의 하나로 피해자가 제출한 탄원서의 일부 기재 내용을 적시하여 공소사실을 유죄로 판단한 사안에서, 위탄원서 등은 결국 피해자가 형사소송규칙 제134조의10 제1항에 규정된 의견진술에 갈음하여 제출한 서면에 해당하여 범죄사실의 인정을 위한 증거로 할 수 없으므로, 원심판단에는 피해자의 의견을 기재한 서면의 증거능력에 관한 법리를 오해하여 범죄사실의 인정을 위한 증거로 할 수 없는 탄원서를 유죄의 증거로 사용한 잘못이 있으나, 위와 같은 원심의 잘못은 판결 결과에 영향이 없다고 한 사례(대판 2024.3.12. 2023도11371).

정답 | ✕

| 관련판례 |

[1] 모든 국민은 법정에 출석하여 증언할 의무를 부담한다. 법원은 소환장을 송달받은 증인이 정당한 사유 없이 출석하지 아니한 경우에 당해 불출석으로 인한 소송비용을 증인이 부담하도록 명하고, 500만 원 이하의 과태료를 부과할 수 있으며(형사소송법 제151조 제1항 전문), 정당한 사유 없이 소환에 응하지 아니하는 경우에는 구인할 수 있다(형사소송법 제152조). 또한 법원은 증인 소환장이 송달되지 아니한 경우에는 공무소 등에 대한 조회의 방법으로 직권 또는 검사, 피고인, 변호인의 신청에 따라 소재탐지를 할 수도 있다(형사소송법 제272조 제1항 참조). 이는 '특정범죄신고자 등 보호법'이 직접 적용되거나 준용되는 사건에 대해서도 마찬가지이다.

[2] 형사소송법이 증인의 법정 출석을 강제할 수 있는 권한을 법원에 부여한 취지는, 다른 증거나 증인의 진술에 비추어 굳이 추가 증인신문을 할 필요가 없다는 등 특별한 사정이 없는 한 사건의 실체를 규명하는 데 가장 직접적이고 핵심적인 증인으로 하여금 공개된 법정에 출석하여 선서 후 증언하도록 하고, 법원은 출석한 증인의 진술을 토대로 형성된 유죄·무죄의 심증에 따라 사건의 실체를 규명하도록 하기 위함이다. 따라서 다른 증거나 증인의 진술에 비추어 굳이 추가 증거조사를 할 필요가 없다는 등 특별한 사정이 없고, 소재탐지나 구인장 발부가 불가능한 것이 아님에도 불구하고, 불출석한 핵심 증인에 대하여 소재탐지나 구인장 발부 없이 증인채택 결정을 취소하는 것은 법원의 재량을 벗어나는 것으로서 위법하다(대판 2020.12.10. 2020도2623).

국민참여재판

증거재판주의

| 관련판례 |

1 형사재판에서 공소가 제기된 범죄의 구성요건을 이루는 사실은 그것이 주관적 요건이든 객관적 요건이든 그 증명책임이 검사에게 있으므로, 해당 표현이 학문의 자유로서 보호되는 영역에 속하지 않는다는 점은 검사가 증명하여야 한다(대판 2023.10.26. 2017도18697).

2 출입국사범 사건에서 지방출입국·외국인관서의 장의 적법한 고발이 있었는지 여부가 문제 되는 경우에 법원은 증거조사의 방법이나 증거능력의 제한을 받지 아니하고 제반 사정을 종합하여 적당하다고 인정되는 방법에 의하여 자유로운 증명으로 그 고발 유무를 판단하면 된다(대판 2021.10.28. 2021도404).

자백배제법칙과 위법수집증거배제법칙

04 ★★

피해아동의 담임교사인 피고인이 피해아동에게 수업시간 중 교실에서 "학교 안 다니다 온 애 같아."라고 말하는 등 정서적 학대행위를 하였다는 이유로 기소되었는데, 피해아동의 부모가 피해아동의 가방에 녹음기를 넣어 수업시간 중 교실에서 피고인이 한 발언을 몰래 녹음한 녹음파일, 녹취록은 통신비밀보호법 제14조 제1항의 '공개되지 아니한 타인 간의 대화'를 녹음한 경우에 해당하지 않는다.

ㅇ | x

판결요지

피해아동의 담임교사인 피고인이 피해아동에게 "학교 안 다니다 온 애 같아. 저쪽에서 학교 다닌 거 맞아, 1, 2학년 다녔어, 공부시간에 책 넘기는 것도 안 배웠어, 학습 훈련이 전혀 안 되어 있어, 1, 2학년 때 공부 안 하고 왔다갔다만 했나봐."라는 말을 하는 등 수회에 걸쳐 아동의 정신건강 및 발달에 해를 끼치는 정서적 학대행위를 하였다는 이유로 아동학대범죄의 처벌 등에 관한 특례법 위반(아동복지시설종사자등의아동학대가중처벌)으로 기소된 사안에서, 초등학교 담임교사가 교실에서 수업시간 중 한 발언은 통상적으로 교실 내 학생들만을 대상으로 하는 것으로서 교실 내 학생들에게만 공개된 것일 뿐, 일반 공중이나 불특정 다수에게 공개된 것이 아니므로, 대화자 내지 청취자가 다수였다는 사정만으로 '공개된 대화'로 평가할 수는 없어, 피해아동의 부모가 몰래 녹음한 피고인의 수업시간 중 발언은 '공개되지 않은 대화'에 해당하는 점, 피해아동의 부모는 피고인의 수업시간 중 발언의 상대방에 해당하지 않으므로, 위 발언은 '타인 간의 대화'에 해당하는 점을 종합하면, 피해아동의 부모가 피해아동의 가방에 녹음기를 넣어 수업시간 중 교실에서 피고인이 한 발언을 녹음한 녹음파일, 녹취록 등은 통신비밀보호법 제14조 제1항을 위반하여 공개되지 아니한 타인 간의 대화를 녹음한 것이므로 통신비밀보호법 제14조 제2항 및 제4조에 따라 증거능력이 부정된다는 이유로, 이와 달리 본 원심판단에 법리오해의 잘못이 있다고 한 사례(대판 2024.1.11. 2020도1538). **정답 | ✕**

관련판례

통신비밀보호법은 공개되지 않은 타인 간의 대화에 관하여 다음과 같이 정하고 있다. 누구든지 이 법과 형사소송법 또는 군사법원법의 규정에 의하지 않고는 공개되지 않은 타인 간의 대화를 녹음하거나 청취하지 못하고(제3조 제1항), 위와 같이 금지하는 청취행위는 전자장치 또는 기계적 수단을 이용한 경우로 제한된다(제14조 제1항). 그리고 제3조의 규정을 위반하여 공개되지 않은 타인 간의 대화를 녹음 또는 청취한 자(제1호)와 제1호에 의하여 지득한 대화의 내용을 공개하거나 누설한 자(제2호)는 제16조 제1항에 따라 처벌받는다. 위와 같은 통신비밀보호법의 내용과 형식, 통신비밀보호법이 공개되지 않은 타인 간의 대화에 관한 녹음 또는 청취에 대하여 제3조 제1항에서 일반적으로 이를 금지하고 있는데도 제14조 제1항에서 구체화하여 금지되는 행위를 제한하고 있는 입법 취지와 체계 등에 비추어 보면, 통신비밀보호법 제14조 제1항의 금지를 위반하는 행위는 통신비밀보호법과 형사소송법 또는 군사법원법의 규정에 따른 것이라는 등의 특별한 사정이 없는 한, 제3조 제1항 위반행위에 해당하여 제16조 제1항 제1호의 처벌대상이 된다고 해석해야 한다. 통신비밀보호법 제3조 제1항이 공개되지 않은 타인 간의 대화를 녹음 또는 청취하지 못하도록 한 것은, 대화에 원래부터 참여하지 않는 제3자가 대화를 하는 타인 간의 발언을 녹음하거나 청취해서는 안 된다는 취지이다(대판 2006.10.12. 2006도4981, 대판 2014.5.16. 2013도16404 등 참조). 따라서 대화에 원래부터 참여하지 않는 제3자가 일반 공중이 알 수 있도록 공개되지 않은 타인 간의 발언을 녹음하거나 전자장치 또는 기계적 수단을 이용하여 청취하는 것은 특별한 사정이 없는 한 제3조 제1항에 위반된다(대판

2016.5.12. 2013도15616). 통신비밀보호법 제14조 제1항은 "누구든지 공개되지 아니한 타인 간의 대화를 녹음하거나 전자장치 또는 기계적 수단을 이용하여 청취할 수 없다."라고 규정하고, 제14조 제2항 및 제4조는 "제14조 제1항을 위반한 녹음에 의하여 취득한 대화의 내용은 재판 또는 징계절차에서 증거로 사용할 수 없다."라는 취지로 규정하고 있다. 통신비밀보호법 제14조 제1항이 공개되지 않은 타인 간의 대화를 녹음 또는 청취하지 못하도록 한 것은, 대화에 원래부터 참여하지 않는 제3자가 일반 공중이 알 수 있도록 공개되지 않은 타인 간의 발언을 녹음하거나 전자장치 또는 기계적 수단을 이용하여 청취해서는 안 된다는 취지이다. 여기서 '공개되지 않았다'는 것은 반드시 비밀과 동일한 의미는 아니고 일반 공중에게 공개되지 않았다는 의미이며, 구체적으로 공개된 것인지는 발언자의 의사와 기대, 대화의 내용과 목적, 상대방의 수, 장소의 성격과 규모, 출입의 통제 정도, 청중의 자격 제한 등 객관적인 상황을 종합적으로 고려하여 판단해야 한다(대판 2022.8.31. 2020도1007).

★★★ 05

인터넷개인방송의 방송자가 비밀번호를 설정하는 등으로 비공개 조치를 취한 후 방송을 송출하는 경우, 방송자로부터 허가를 받지 못한 사람은 당해 인터넷개인방송의 당사자가 아닌 '제3자'에 해당하고 이러한 제3자가 비공개 조치가 된 인터넷개인방송을 비정상적인 방법으로 시청·녹화하는 것은 통신비밀보호법상의 감청에 해당할 수 있다.   O | X

판결요지

[1] 방송자가 인터넷을 도관 삼아 인터넷서비스제공업체 또는 온라인서비스제공자인 인터넷개인방송 플랫폼업체의 서버를 이용하여 실시간 또는 녹화된 형태로 음성, 영상물을 방송함으로써 불특정 혹은 다수인이 이를 수신·시청할 수 있게 하는 인터넷개인방송은 그 성격이나 통신비밀보호법 제2조 제3호, 제7호, 제3조 제1항, 제4조에 비추어 전기통신에 해당함은 명백하다. 인터넷개인방송의 방송자가 비밀번호를 설정하는 등 그 수신 범위를 한정하는 비공개 조치를 취하지 않고 방송을 송출하는 경우, 누구든지 시청하는 것을 포괄적으로 허용하는 의사라고 볼 수 있으므로, 그 시청자는 인터넷개인방송의 당사자인 수신인에 해당하고, 이러한 시청자가 방송 내용을 지득·채록하는 것은 통신비밀보호법에서 정한 감청에 해당하지 않는다. 그러나 인터넷개인방송의 방송자가 비밀번호를 설정하는 등으로 비공개 조치를 취한 후 방송을 송출하는 경우에는, 방송자로부터 허가를 받지 못한 사람은 당해 인터넷개인방송의 당사자가 아닌 '제3자'에 해당하고, 이러한 제3자가 비공개 조치가 된 인터넷개인방송을 비정상적인 방법으로 시청·녹화하는 것은 통신비밀보호법상의 감청에 해당할 수 있다. 다만 방송자가 이와 같은 제3자의 시청·녹화 사실을 알거나 알 수 있었음에도 방송을 중단하거나 그 제3자를 배제하지 않은 채 방송을 계속 진행하는 등 허가받지 아니한 제3자의 시청·녹화를 사실상 승낙·용인한 것으로 볼 수 있는 경우에는 불특정인 혹은 다수인을 직간접적인 대상으로 하는 인터넷개인방송의 일반적 특성상 그 제3자 역시 인터넷개인방송의 당사자에 포함될 수 있으므로, 이러한 제3자가 방송 내용을 지득·채록하는 것은 통신비밀보호법에서 정한 감청에 해당하지 않는다.
[2] 정보통신망 이용촉진 및 정보보호 등에 관한 법률 제48조 제1항은 이용자의 신뢰 또는 이익을 보호하기 위한 규정이 아니라 정보통신망 자체의 안정성과 그 정보의 신뢰성을 보호하기 위한 것이므로, 위 규정에서 접근권한을 부여하거나 허용되는 범위를 설정하는 주체는 서비스제공자이다. 따라서 서비스제공자로부터 권한을 부여받은 이용자가 아닌 제3자가 정보통신망에 접속한 경우, 그에게 접근권한이 있는지 여부는 서비스제공자가 부여한 접근권한을 기준으로 판단하여야 한다(대판 2022.10.27. 2022도9877).
[사실관계] 피고인은 2021. 5. 28.부터 2021. 7. 13.까지 인터넷 방송 사이트인 '(사이트명 생략)'에서 '(닉네임 생략)'이라는 닉네임을 사용하여 인터넷 개인 방송을 진행하였다. 이는 성인콘텐츠(19세 미

만 이용제한) 방송으로, 서비스제공자인 (사이트명 생략)는 성인콘텐츠 방송의 경우 본인인증이 완료된 회원만이 시청 가능한 것으로 규정하고 있고, 본인인증을 거쳐 아이디를 등록한 회원은 그 아이디로 접속하여 누구나 무료로 성인콘텐츠를 시청할 수 있다. 한편 (사이트명 생략)의 인터넷 방송 진행자(BJ)는 시청자로부터 시청료를 받는 것이 아니라 그 방송을 시청한 시청자들이 자발적으로 지급하는 후원료를 받아 수익을 얻고 그 수익을 (사이트명 생략)와 분배한다. ② 피고인은 위 기간 동안 피해자의 아이디인 '(아이디 생략)'을 블랙리스트에 등록하여 피해자가 피고인의 방송에 접속하는 것을 차단하였다. ③ 피해자는 자신의 아이디로 피고인의 인터넷 방송에 접속하는 것이 불가능하자 자신의 아이디로 로그인하지 않고 '게스트'로 피고인의 인터넷 방송에 접속하여 피고인의 발언을 녹화하였고, 그 녹화파일을 경찰에 제출하였다. ④ 피고인은 당심 법정에서 "방송하는 사람 좌측 상단에 방송에 들어온 모든 아이디를 확인할 수 있고, 로그인 하지 않고 들어온 사람은 게스트 1, 게스트 2 등으로 표시됩니다.", "게스트 접속은 원래 없는 것으로 알고 있는데 그것이 어떻게 가능한지 모르겠습니다."라고 진술하였다(당심 제1회 공판조서). 피고인은 2021. 6. 17. 23:17경에는 다른 아이디 접속자에 대하여 하는 것과 동일하게 게스트인 피해자를 상대로 직접 육성으로 발언하였다. 한편, 피고인은 당심 변론종결 후인 2022. 7. 1. 변호인의견서를 제출하면서 피고인이 인터넷 방송을 진행하면서 피해자의 아이디에 대한 블랙리스트 등록 외에 추가로 비밀번호를 설정하였다고 주장하며 그 자료를 제출하였다. 그 자료는 피고인이 2021. 6. 14.과 2021. 6. 17. 다른 시청자들에게 인터넷 방송 비밀번호를 알려주었다는 것일 뿐, 2021. 6. 14. 이전에도 비밀번호를 설정하였다거나 그 비밀번호를 다른 시청자들에게 알려주었다는 자료는 없다.[2]

정답 ㅣ ○

★★
06 수사기관이 범죄를 수사하면서 현재 범행이 행하여지고 있거나 행하여진 직후이고, 증거보전의 필요성 및 긴급성이 있으며, 일반적으로 허용되는 상당한 방법으로 촬영한 경우라면 위 촬영이 영장 없이 이루어졌다 하여 이를 위법하다고 할 수 없다.　　　　O ㅣ X

판결요지

[1] 수사기관이 범죄를 수사하면서 현재 범행이 행하여지고 있거나 행하여진 직후이고, 증거보전의 필요성 및 긴급성이 있으며, 일반적으로 허용되는 상당한 방법으로 촬영한 경우라면 위 촬영이 영장 없이 이루어졌다 하여 이를 위법하다고 할 수 없다. 다만 <u>촬영으로 인하여 초상권, 사생활의 비밀과 자유, 주거의 자유 등이 침해될 수 있으므로 수사기관이 일반적으로 허용되는 상당한 방법으로 촬영하였는지 여부는 수사기관이 촬영장소에 통상적인 방법으로 출입하였는지 또 촬영장소와 대상이 사생활의 비밀과 자유 등에 대한 보호가 합리적으로 기대되는 영역에 속하는지 등을 종합적으로 고려하여 신중하게 판단하여야 한다.</u>

[2] 나이트클럽(이하 '클럽'이라 한다)의 운영자 피고인 甲, 연예부장 피고인 乙, 남성무용수 피고인 丙이 공모하여 클럽 내에서 성행위를 묘사하는 공연을 하는 등 음란행위 영업을 하여 풍속영업의 규제에 관한 법률 위반으로 기소되었는데, 당시 경찰관들이 클럽에 출입하여 피고인 丙의 공연을 촬영한 영상물 및 이를 캡처한 영상사진이 증거로 제출된 사안에서, 경찰관들은 국민신문고 인터넷사이트에 '클럽에서 남성무용수의 음란한 나체쇼가 계속되고 있다.'는 민원이 제기되자 그에 관한 증거수집을 목적으로 클럽에 출입한 점, 클럽은 영업시간 중에는 출입자격 등의 제한 없이 성인이라면 누구나 출입이 가능한 일반적으로 개방되어 있는 장소인 점, 경찰관들은 클럽의 영업시간 중에 손님들이 이용하는 출입문을 통과하여 출입하였고, 출입 과정에서 보안요원 등에게 제지를 받거나 보안요원이

---

[2] 피고인과 변호인은 통신비밀보호법 제3조 제1항 본문 위반을 주장하였다.

자리를 비운 때를 노려 몰래 들어가는 등 특별한 사정이 발견되지 않는 점, 피고인 丙은 클럽 내 무대에서 성행위를 묘사하는 장면이 포함된 공연을 하였고, 경찰관들은 다른 손님들과 함께 객석에 앉아 공연을 보면서 불특정 다수의 손님들에게 공개된 피고인 丙의 모습을 촬영한 점에 비추어 보면, 위 촬영물은 경찰관들이 피고인들에 대한 범죄 혐의가 포착된 상태에서 클럽 내에서의 음란행위 영업에 관한 증거를 보전하기 위하여, 불특정 다수에게 공개된 장소인 클럽에 통상적인 방법으로 출입하여 손님들에게 공개된 모습을 촬영한 것이므로, 영장 없이 촬영이 이루어졌더라도 위 촬영물과 이를 캡처한 영상사진은 증거능력이 인정된다(대판 2023.4.27. 2018도8161).　　　　**정답 | ○**

┃ 관련판례 ┃ ★★

> 이 사건 특별사법경찰관은 이 사건 음식점의 불법 영업에 관한 지속적 민원으로 전주시 완산구청으로부터 합동단속 요청을 받자 이 사건 음식점에 출입한 후 범죄수사를 위하여 촬영을 하고 현장확인서를 징구하는 등 증거를 수집하였을 뿐 식품 또는 영업시설 등에 대한 검사를 하거나, 식품의 무상수거, 장부 또는 서류를 열람하는 등의 행정조사를 하려 한 바가 없다. 따라서 이 사건 특별사법경찰관이 이 사건 음식점에 출입하여 증거를 수집하는 과정에서 식품위생법 제22조 제3항에 따라 권한을 표시하는 증표 및 조사기간 등이 기재된 서류를 제시하지 않았더라도 출입이나 증거수집 절차가 위법하다고 할 수 없다. 또한, 특별사법경찰관이 영장 없이 음식점 내부를 촬영한 것은 특별사법경찰관이 범죄혐의가 포착된 상태에서 이 사건 공소사실 범행에 관한 증거를 보전하기 위한 필요에 의하여, 공개된 장소인 이 사건 음식점에 통상적인 방법으로 출입하여 이 사건 음식점 내에 있는 사람이라면 누구나 볼 수 있었던 손님들의 춤추는 모습을 촬영한 것이다. 따라서 이 사건 특별사법경찰관이 영장 없이 범행현장을 촬영하였다고 하여 이를 위법하다고 할 수 없다(대판 2023.7.13. 2021도10763).

★★★
07 수사기관이 적법한 절차와 방법에 따라 범죄를 수사하면서 현재 그 범행이 행하여지고 있거나 행하여진 직후이고, 증거보전의 필요성 및 긴급성이 있으며, 일반적으로 허용되는 상당한 방법으로 범행현장에서 현행범인 등 관련자들과 수사기관의 대화를 녹음한 경우라면, 위 녹음이 영장 없이 이루어졌다 하여 이를 위법하다고 단정할 수 없다.　　　　**○ | X**

┃ 판결요지 ┃

> [1] 수사기관이 적법한 절차와 방법에 따라 범죄를 수사하면서 현재 그 범행이 행하여지고 있거나 행하여진 직후이고, 증거보전의 필요성 및 긴급성이 있으며, 일반적으로 허용되는 상당한 방법으로 범행현장에서 현행범인 등 관련자들과 수사기관의 대화를 녹음한 경우라면, 위 녹음이 영장 없이 이루어졌다 하여 이를 위법하다고 단정할 수 없다. 이는 설령 그 녹음이 행하여지고 있는 사실을 현장에 있던 대화상대방, 즉 현행범인 등 관련자들이 인식하지 못하고 있었더라도, 통신비밀보호법 제3조 제1항이 금지하는 공개되지 아니한 타인간의 대화를 녹음한 경우에 해당하지 않는 이상 마찬가지이다. 다만 수사기관이 일반적으로 허용되는 상당한 방법으로 녹음하였는지 여부는 수사기관이 녹음장소에 통상적인 방법으로 출입하였는지, 녹음의 내용이 대화의 비밀 내지 사생활의 비밀과 자유 등에 대한 보호가 합리적으로 기대되는 영역에 속하는지 등을 종합적으로 고려하여 신중하게 판단하여야 한다(대판 2024.5.30. 2020도9370).
>
> [사실관계] 피고인이 돈을 받고 영업으로 성매매를 알선하였다는 「성매매알선 등 행위의 처벌에 관한 법률」 위반(성매매알선등)으로 기소된 사안으로, 경찰관이 피고인이 운영하는 성매매업소에 손님으로 가장하고 출입하여 피고인 등과의 대화 내용을 녹음한 내용이 문제된 사안임.

전문법칙

08 ★★

피고인이 위력으로써 13세 미만 미성년자인 피해자 甲(女, 12세)에게 유사성행위와 추행을 하였다는 성폭력처벌법 위반의 공소사실에 대하여, 원심이 甲의 진술과 조사 과정을 촬영한 영상물과 속기록을 중요한 증거로 삼아 유죄로 인정하였는데, 피고인은 위 영상물과 속기록을 증거로 함에 동의하지 않았고, 조사 과정에 동석하였던 신뢰관계인에 대한 증인신문이 이루어졌을 뿐 원진술자인 甲에 대한 증인신문은 이루어지지 않은 경우라도 위 영상물과 속기록의 증거능력은 인정된다.

O | X

> **판결요지**
>
> 피고인이 위력으로써 13세 미만 미성년자인 피해자 甲(女, 12세)에게 유사성행위와 추행을 하였다는 성폭력처벌법 위반의 공소사실에 대하여, 원심이 甲의 진술과 조사 과정을 촬영한 영상물과 속기록을 중요한 증거로 삼아 유죄로 인정하였는데, 피고인은 위 영상물과 속기록을 증거로 함에 동의하지 않았고, 조사 과정에 동석하였던 신뢰관계인에 대한 증인신문이 이루어졌을 뿐 원진술자인 甲에 대한 증인신문은 이루어지지 않은 사안에서, 헌법재판소는 2021. 12. 23. 성폭력처벌법 제30조 제6항 중 19세 미만 성폭력범죄 피해자의 진술을 촬영한 영상물의 증거능력을 규정한 부분(이하 '위헌 법률 조항'이라 한다)에 대해 과잉금지 원칙 위반 등을 이유로 위헌결정을 하였는데, 위 위헌결정의 효력은 결정 당시 법원에 계속 중이던 사건에도 미치므로 위헌 법률 조항은 위 영상물과 속기록의 증거능력을 인정하는 근거가 될 수 없고, 한편 피고인의 범행은 아동·청소년의 성보호에 관한 법률(이하 '청소년성보호법'이라 한다) 제26조 제1항의 아동·청소년대상 성범죄에 해당하므로 같은 법 제26조 제6항에 따라 영상물의 증거능력이 인정될 여지가 있으나, 청소년성보호법 제26조 제6항 중 위헌 법률 조항과 동일한 내용을 규정한 부분은 위헌결정의 심판대상이 되지 않았지만 위헌 법률 조항에 대한 위헌결정 이유와 마찬가지로 과잉금지 원칙에 위반될 수 있으므로, 청소년성보호법 제26조 제6항의 위헌 여부 또는 그 적용에 따른 위헌적 결과를 피하기 위하여 甲을 증인으로 소환하여 진술을 듣고 피고인에게 반대신문권을 행사할 기회를 부여할 필요가 있는지 여부 등에 관하여 심리·판단하였어야 한다는 이유로, 이와 같은 심리에 이르지 않은 채 위 영상물과 속기록을 유죄의 증거로 삼은 원심판결에 법리오해 또는 심리미진의 잘못이 있다(대판 2022.4.14. 2021도14530, 2021전도143).　　정답 | ✕

★★
09 대검찰청 소속 진술분석관이 피해자와 면담하는 내용을 녹화한 영상녹화물은 형사소송법 제313조 제1항에 따라 증거능력을 인정할 수 있다. ○ | X

판결요지

피고인이 아닌 자의 진술을 기재한 서류가 비록 수사기관이 아닌 자에 의하여 작성되었다고 하더라도, 수사가 시작된 이후 수사기관의 관여나 영향 아래 작성된 경우로서 서류를 작성한 자의 신분이나 지위, 서류를 작성한 경위와 목적, 작성 시기와 장소 및 진술을 받는 방식 등에 비추어 실질적으로 고찰할 때 그 서류가 수사과정 외에서 작성된 것이라고 보기 어렵다면, 이를 형사소송법 제313조 제1항의 '전 2조의 규정 이외에 피고인이 아닌 자의 진술을 기재한 서류'에 해당한다고 할 수 없다. 나아가 전문증거의 증거능력은 이를 인정하는 법적 근거가 있는 때에만 예외적으로 인정된다는 원칙 및 수사기관이 제작한 영상녹화물의 증거능력 내지 증거로서의 사용 범위를 다른 전문증거보다 더욱 엄격하게 제한하는 관련 판례의 취지에 비추어 보면, 수사기관이 아닌 자가 수사과정에서 피고인이 아닌 자의 진술을 녹화한 영상녹화물의 증거능력도 엄격하게 제한할 필요가 있다(대판 2024.3.28. 2023도15133, 2023전도163,164).

[사실관계] 대검찰청 소속 진술분석관이 피고인들의 「성폭력범죄의 처벌 등에 관한 특례법」 위반(친족관계에의한강간)등 혐의에 대한 수사과정에서 검사로부터 「성폭력범죄의 처벌 등에 관한 특례법」 제33조에 따라 피해자 진술의 신빙성 여부에 대한 의견조회를 받아 자신이 피해자를 면담하는 내용을 녹화하였고, 검사가 위 영상녹화물을 법원에 증거로 제출한 사안임.

[판례해설] 대법원은 진술분석관의 소속 및 지위, 진술분석관이 피해자와 면담을 하고 이 사건 영상녹화물을 제작한 경위와 목적, 진술분석관이 면담과 관련하여 수사기관으로부터 확보한 자료의 내용과 성격, 면담 방식과 내용, 면담 장소 등을 앞서 본 법리에 비추어 살펴보면, 이 사건 영상녹화물은 수사과정 외에서 작성된 것이라고 볼 수 없으므로 형사소송법 제313조 제1항에 따라 증거능력을 인정할 수 없고, 이 사건 영상녹화물은 수사기관이 작성한 피의자신문조서나 피고인이 아닌 자의 진술을 기재한 조서가 아니고, 피고인 또는 피고인이 아닌 자가 작성한 진술서도 아니므로 형사소송법 제312조에 의하여 증거능력을 인정할 수도 없다는 이유로, 위 영상녹화물의 증거능력을 부정한 원심판결을 수긍하여 상고를 기각함. **정답 | X**

★★★
10 형사소송법 제312조 제1항에서 정한 '검사가 작성한 피의자신문조서'란 당해 피고인에 대한 피의자신문조서만이 아니라 당해 피고인과 공범관계에 있는 다른 피고인이나 피의자에 대하여 검사가 작성한 피의자신문조서도 포함된다. ○ | X

판결요지

[1] 2020. 2. 4. 법률 제16924호로 개정되어 2022. 1. 1.부터 시행된 형사소송법 제312조 제1항은 검사가 작성한 피의자신문조서의 증거능력에 대하여 '적법한 절차와 방식에 따라 작성된 것으로서 공판준비, 공판기일에 그 피의자였던 피고인 또는 변호인이 그 내용을 인정할 때에 한정하여 증거로 할 수 있다'고 규정하였다. 여기서 '그 내용을 인정할 때'라 함은 피의자신문조서의 기재 내용이 진술 내용대로 기재되어 있다는 의미가 아니고 그와 같이 진술한 내용이 실제 사실과 부합한다는 것을 의미한다(대판 2023.4.27. 2023도2102).

[2] 형사소송법 제312조 제1항에서 정한 '검사가 작성한 피의자신문조서'란 당해 피고인에 대한 피의

자신문조서만이 아니라 당해 피고인과 공범관계에 있는 다른 피고인이나 피의자에 대하여 검사가 작성한 피의자신문조서도 포함되고, 여기서 말하는 '공범'에는 형법 총칙의 공범 이외에도 서로 대향된 행위의 존재를 필요로 할 뿐 각자의 구성요건을 실현하고 별도의 형벌 규정에 따라 처벌되는 강학상 필요적 공범 또는 대향범까지 포함한다. 따라서 피고인이 자신과 공범관계에 있는 다른 피고인이나 피의자에 대하여 검사가 작성한 피의자신문조서의 내용을 부인하는 경우에는 형사소송법 제312조 제1항에 따라 유죄의 증거로 쓸 수 없다(대판 2023.6.1. 2023도3741).   정답 Ⅰ ○

★★
11
형사소송법과 형사소송규칙의 규정 내용과 취지에 비추어 보면, 수사기관이 작성한 피고인이 아닌 자의 진술을 기재한 조서에 대하여 실질적 진정성립을 증명하기 위해 영상녹화물의 조사를 신청하려면 영상녹화를 시작하기 전에 피고인 아닌 자의 동의를 받고 그에 관해서 피고인 아닌 자가 기명날인 또는 서명한 영상녹화 동의서를 첨부하여야 하고, 조사가 개시된 시점부터 조사가 종료되어 참고인이 조서에 기명날인 또는 서명을 마치는 시점까지 조사 전 과정이 영상녹화되어야 하므로 이를 위반한 영상녹화물에 의하여는 특별한 사정이 없는 한 피고인 아닌 자의 진술을 기재한 조서의 실질적 진정성립을 증명할 수 없다.   ○ⅠX

판결요지

형사소송법 제312조 제4항은 "검사 또는 사법경찰관이 피고인이 아닌 자의 진술을 기재한 조서는 적법한 절차와 방식에 따라 작성된 것으로서 그 조서가 검사 또는 사법경찰관 앞에서 진술한 내용과 동일하게 기재되어 있음이 원진술자의 공판준비 또는 공판기일에서의 진술이나 영상녹화물 또는 그 밖의 객관적인 방법에 의하여 증명되고, 피고인 또는 변호인이 공판준비 또는 공판기일에 그 기재 내용에 관하여 원진술자를 신문할 수 있었던 때에는 증거로 할 수 있다. 다만 그 조서에 기재된 진술이 특히 신빙할 수 있는 상태하에서 행하여졌음이 증명된 때에 한한다."라고 규정하여 수사기관이 작성한 피고인이 아닌 자에 대한 진술조서의 실질적 진정성립은 공판준비 또는 공판기일에서의 원진술자의 진술 외에 영상녹화물 또는 그 밖의 객관적인 방법에 의하여 인정할 수 있도록 하고 있다.

형사소송법 제312조 제4항이 실질적 진정성립을 증명할 수 있는 방법으로 규정하는 영상녹화물에 대하여는 형사소송법 및 형사소송규칙에서 영상녹화의 과정, 방식 및 절차 등을 엄격하게 규정하고 있으므로(형사소송법 제221조 제1항 후문, 형사소송규칙 제134조의2, 제134조의3) 수사기관이 작성한 피고인 아닌 자의 진술을 기재한 조서에 대한 실질적 진정성립을 증명할 수 있는 수단으로서 형사소송법 제312조 제4항에 규정된 '영상녹화물'이라 함은 형사소송법 및 형사소송규칙에 규정된 방식과 절차에 따라 제작되어 조사 신청된 영상녹화물을 의미한다고 봄이 타당하다.

형사소송법은 제221조 제1항 후문에서 "검사 또는 사법경찰관은 피의자가 아닌 자의 출석을 요구하여 진술을 들을 경우 그의 동의를 받아 영상녹화할 수 있다."라고 규정하고 있고, 형사소송규칙은 제134조의3에서 검사는 피의자가 아닌 자가 공판준비 또는 공판기일에서 조서가 자신이 검사 또는 사법경찰관 앞에서 진술한 내용과 동일하게 기재되어 있음을 인정하지 아니하는 경우 그 부분의 성립의 진정을 증명하기 위하여 영상녹화물의 조사를 신청할 수 있고(제1항), 검사가 이에 따라 영상녹화물의 조사를 신청하는 때에는 피의자가 아닌 자가 영상녹화에 동의하였다는 취지로 기재하고 기명날인 또는 서명한 서면을 첨부하여야 하며(제2항), 조사 신청한 영상녹화물은 조사가 개시된 시점부터 조사가 종료되어 피의자 아닌 자가 조서에 기명날인 또는 서명을 마치는 시점까지 전 과정이 영상녹화된 것으로서 피의자 아닌 자의 진술이 영상녹화되고 있다는 취지의 고지, 영상녹화를 시작하고 마친 시각 및 장소의 고지, 신문하는 검사 또는 사법경찰관과 참여한 자의 성명과 직급의 고지, 조사를 중단·재개하는 경우 중단 이유와 중단 시각, 중단 후 재개하는 시각, 조사를 종료하는 시각의 내용을 포함하는 것이어야 한다고 규정하고 있다(제3항에 의하여 제134조의2 제3항 제1호부터 제3호, 제5호, 제6호를 준용한다). 형사소송규칙에서 피의자 아닌 자가 기명날인 또는 서명한 영상녹화 동의서를 첨부하도록 한 취지는 피의자 아닌 자의 영상녹화에 대한 진정한 동의를 받아 영상녹화를 시작했는지를 확인하기 위한 것이고, 조사가 개시된 시점부터 조사가 종료되어 조서에 기명날인 또는 서명을 마치는 시점까지 조사 전 과정이 영상녹화된 것을 요구하는 취지는 진술 과정에서 연출이나 조작을 방지하여야 할 필요성이 인정되기 때문이다. 이러한 형사소송법과 형사소송규칙의 규정 내용과 취지에 비추어 보면, 수사기관이 작성한 피고인이 아닌 자의 진술을 기재한 조서에 대하여 실질적 진정성립을 증명하기 위해 영상녹화물의 조사를 신청하려면 영상녹화를 시작하기 전에 피고인 아닌 자의 동의를 받고 그에 관해서 피고인 아닌 자가 기명날인 또는 서명한 영상녹화 동의서를 첨부하여야 하고, 조사가 개시된 시점부터 조사가 종료되어 참고인이 조서에 기명날인 또는 서명을 마치는 시점까지 조사 전 과정이 영상녹화되어야 하므로 이를 위반한 영상녹화물에 의하여는 특별한 사정이 없는 한 피고인 아닌 자의 진술을 기재한 조서의 실질적 진정성립을 증명할 수 없다(대판 2022.6.16. 2022도364; 동지 대판 2022.7.14. 2020도13957).

정답 Ⅰ ○

★★★
12

판례에 의할 때 다음 기술의 옳고 그름을 판단하라.

(1) 압수조서 중 '압수경위'란에 기재된 내용이 피고인이 범행을 저지르는 현장을 직접 목격한 사람의 진술이 담긴 것이라면 이는 형사소송법 제312조 제5항에서 정한 '피고인이 아닌 자가 수사과정에서 작성한 진술서'에 준하는 것으로 볼 수 있다.　　　　　　　　　　○ | X

(2) 현행범 체포현장이나 범죄 현장에서도 소지자 등이 임의로 제출하는 물건은 영장 없이 압수하는 것이 허용되고, 이 경우 검사나 사법경찰관은 별도로 사후에 영장을 받을 필요가 없다.　　○ | X

판결요지

[1] 피고인이 지하철역 에스컬레이터에서 휴대전화기의 카메라를 이용하여 성명불상 여성 피해자의 치마 속을 몰래 촬영하다가 현행범으로 체포되어 성폭력범죄의 처벌 등에 관한 특례법 위반(카메라등이용촬영)으로 기소된 사안에서, 피고인은 공소사실에 대해 자백하고 검사가 제출한 모든 서류에 대하여 증거로 함에 동의하였는데, 그 서류들 중 체포 당시 임의제출 방식으로 압수된 피고인 소유 휴대전화기(이하 '휴대전화기'라고 한다)에 대한 압수조서의 '압수경위'란에 '지하철역 승강장 및 게이트 앞에서 경찰관이 지하철범죄 예방·검거를 위한 비노출 잠복근무 중 검정 재킷, 검정 바지, 흰색 운동화를 착용한 20대 가량 남성이 짧은 치마를 입고 에스컬레이터를 올라가는 여성을 쫓아가 뒤에 밀착하여 치마 속으로 휴대폰을 집어넣는 등 해당 여성의 신체를 몰래 촬영하는 행동을 하였다'는 내용이 포함되어 있고, 그 하단에 피고인의 범행을 직접 목격하면서 위 압수조서를 작성한 사법경찰관 및 사법경찰리의 각 기명날인이 들어가 있으므로, 위 압수조서 중 '압수경위'란에 기재된 내용은 피고인이 범행을 저지르는 현장을 직접 목격한 사람의 진술이 담긴 것으로서 형사소송법 제312조 제5항에서 정한 '피고인이 아닌 자가 수사과정에서 작성한 진술서'에 준하는 것으로 볼 수 있고, 이에 따라 휴대전화기에 대한 임의제출절차가 적법하였는지에 영향을 받지 않는 별개의 독립적인 증거에 해당하여, 피고인이 증거로 함에 동의한 이상 유죄를 인정하기 위한 증거로 사용할 수 있을 뿐 아니라 피고인의 자백을 보강하는 증거가 된다고 볼 여지가 많다고 한 사례.

[2] 범죄를 실행 중이거나 실행 직후의 현행범인은 누구든지 영장 없이 체포할 수 있고(형사소송법 제212조), 검사 또는 사법경찰관은 피의자 등이 유류한 물건이나 소유자·소지자 또는 보관자가 임의로 제출한 물건은 영장 없이 압수할 수 있으므로(제218조), 현행범 체포현장이나 범죄 현장에서도 소지자 등이 임의로 제출하는 물건은 형사소송법 제218조에 의하여 영장 없이 압수하는 것이 허용되

고, 이 경우 검사나 사법경찰관은 별도로 사후에 영장을 받을 필요가 없다(대판 2019.11.14. 2019도 13290).

정답 | (1) ○, (2) ○

| 관련판례 | – 보강증거로 증거능력이 인정된 경우 ★★★

[사실관계] 경찰은 2018. 5. 25. 19:00경 이 사건 공소사실 중 원심 판시 별지 범죄일람표 순번 제26 번 기재 「성폭력범죄의 처벌 등에 관한 특례법」 (이하 '성폭력처벌법'이라 한다) 위반(카메라등이용 촬영) 범행 현장에서 피고인으로부터 이 사건 휴대전화를 임의 제출받아 영장 없이 압수하였다. 이 사건 휴대전화에 대한 압수조서의 '압수경위'란에는 위 제26번 기재 공소사실과 관련하여, "피의자가 범행 후 경찰관이 피의자에게 범행 사실을 추궁하니 '몰카를 찍어 죄송합니다. 한 번만 봐주시면 안 되나요'라고 말하면서 위 휴대전화를 현장에서 임의제출하였다"는 내용이 포함되어 있다. 경찰은 같은 날 용산역에 있는 철도경찰 사무실까지 피고인을 임의동행하였으나, 피고인은 별다른 조사를 받지 아니하고 귀가하였다. 경찰은 2018.5.29.경 이 사건 휴대전화를 탐색하던 중 이 사건 공소사실 전부에 관한 동영상 파일을 발견하였고, 이를 별도의 시디(CD)에 복제하여 사진으로 출력한 후 위 시디 및 출력한 사진을 이 사건 수사기록에 편철하였다. 이후 피고인은 같은 날 15:00경 서울지방철도 특별사법경찰대 광역철도수사과 사무실에 출석하여 경찰조사를 받았는데, 경찰은 피의자신문을 실시하면서 피고인에게 위 CD로 복제된 동영상 파일을 재생하여 보여 주었고, 피고인은 이 사건 공소사실을 모두 자백하였다. 이 사건 휴대전화 내 전자정보 탐색·복제·출력과 관련하여 경찰이 사전에 그 일시·장소를 통지하거나 피고인에게 참여의 기회를 보장하였는지, 압수한 전자정보목록을 교부하거나 또는 피고인이 그 과정에 참여하지 않을 의사였는지 등을 확인할 수 있는 자료가 존재하지 않는다. 한편, 피고인은 제1심 법정에서 이 사건 공소사실에 대해 모두 자백하고 검사가 제출한 모든 서류에 대하여 증거로 함에 동의하였으며, 이는 원심에서도 그대로 유지되었다.

[판례해설] 압수의 대상이 되는 전자정보와 그렇지 않은 전자정보가 혼재된 정보저장매체나 그 복제본을 압수·수색한 수사기관이 정보저장매체 등을 수사기관 사무실 등으로 옮겨 이를 탐색·복제·출력하는 경우, 그와 같은 일련의 과정에서 형사소송법 제219조, 제121조에서 규정하는 피압수·수색 당사자(이하 '피압수자'라 한다)나 변호인에게 참여의 기회를 보장하고 압수된 전자정보의 파일 명세가 특정된 압수목록을 작성·교부하여야 하며 범죄혐의사실과 무관한 전자정보의 임의적인 복제 등을 막기 위한 적절한 조치를 취하는 등 영장주의 원칙과 적법절차를 준수하여야 한다. 만약 그러한 조치가 취해지지 않았다면 피압수자 측이 참여하지 아니한다는 의사를 명시적으로 표시하였거나 절차 위반행위가 이루어진 과정의 성질과 내용 등에 비추어 피압수자 측에 절차 참여를 보장한 취지가 실질적으로 침해되었다고 볼 수 없을 정도에 해당한다는 등의 특별한 사정이 없는 이상 압수·수색이 적법하다고 평가할 수 없고, 비록 수사기관이 정보저장매체 또는 복제본에서 범죄 혐의사실과 관련된 전자정보만을 복제·출력하였다 하더라도 달리 볼 것은 아니다(대결(전) 2015.7.16. 2011모1839, 대판(전) 2021.11.18. 2016도348 참조). 따라서 수사기관이 피압수자 측에게 참여의 기회를 보장하거나 압수한 전자정보 목록을 교부하지 않는 등 영장주의 원칙과 적법절차를 준수하지 않은 위법한 압수·수색 과정을 통하여 취득한 증거는 위법수집증거에 해당하고, 사후에 법원으로부터 영장이 발부되었다거나 피고인이나 변호인이 이를 증거로 함에 동의하였다고 하여 위법성이 치유되는 것도 아니다(대판(전) 2016도348, 대판 2022.7.28. 2022도2960 참조).

위와 같은 사실관계를 앞서 본 법리에 비추어 살펴보면, 임의제출된 이 사건 휴대전화에서 탐색된 전자정보를 복제한 시디 및 출력한 사진(검사는 이를 증거로 제출하였다)은 경찰이 피압수자인 피고인에게 참여의 기회를 부여하지 않은 상태에서 임의로 탐색·복제·출력한 전자정보로서, 피고인에게 압수한 전자정보 목록을 교부했다거나 피고인이 그 과정에 참여하지 않을 의사였다고 보기 어려우므로, 이는 위법하게 수집된 증거로서 증거능력이 없다. 따라서 이 부분 원심의 판단에 필요한 심리를 다하지 않은 채 논리와 경험의 법칙에 반하여 자유심증주의의 한계를 벗어나거나, 피의자의 참여권 보장, 석명의무에 관한 법리를 오해한 잘못이 없다.

이 사건 공소사실 중 원심 판시 별지 범죄일람표 순번 제26번에 관한 성폭력처벌법 위반(카메라등 이용촬영) 부분에 대하여 자백에 대한 보강증거는 자백사실이 가공적인 것이 아니고 진실한 것이라고 담보할 수 있는 정도이면 족한 것이지 범죄사실의 전부나 중요부분의 전부에 일일이 보강증거를 필요로 하는 것이 아니다(대판 1994.9.30. 94도1146 참조).

위와 같은 사실관계를 앞서 본 법리에 비추어 살펴본다. 이 사건 휴대전화에 대한 임의제출서, 압수조서, 압수목록, 압수품 사진, 압수물 소유권 포기여부 확인서는 경찰이 피고인의 이 부분 범행 직후 범행 현장에서 피고인으로부터 위 휴대전화를 임의제출 받아 압수하였다는 내용으로서 이 사건 휴대전화에 저장된 전자정보의 증거능력 여부에 영향을 받지 않는 별개의 독립적인 증거에 해당하므로, 피고인이 증거로 함에 동의한 이상 유죄를 인정하기 위한 증거로 사용할 수 있고, 이 부분 공소사실에 대한 피고인의 자백을 보강하는 증거가 된다고 볼 여지가 많다. 그럼에도 원심은 그 판시와 같은 이유로 이 부분 공소사실에 대해서도 피고인의 자백을 뒷받침할 보강증거가 없다고 보아 무죄로 판단하였으니, 이러한 원심의 판단에는 자백의 보강증거 등에 관한 법리를 오해하거나 필요한 심리를 다하지 아니하여 판결에 영향을 미친 잘못이 있다(대판 2022.11.17. 2019도11967). ❸

┃ 관련판례 ┃ – 임의제출의 임의성에 대한 증명책임(=검사) ★★★

피고인이 자신의 휴대전화 카메라를 이용하여 총 9회에 걸쳐 성적 욕망 또는 수치심을 유발할 수 있는 피해자 4명의 신체를 그들의 의사에 반하여 촬영하였다는 성폭력범죄의 처벌 등에 관한 특례법 위반(카메라등이용촬영)의 공소사실과 관련하여, 수사기관이 피고인을 현행범으로 체포할 당시 임의제출 형식으로 압수한 휴대전화의 증거능력이 문제 된 사안에서, 피고인은 현행범 체포 당시 목격자로부터 휴대전화를 빼앗겨 위축된 심리 상태였고, 목격자 및 경찰관으로부터 휴대전화를 되찾기 위해 달려들기도 하였으며, 경찰서로 연행되어 변호인의 조력을 받지 못한 상태에서 피의자로 조사받으면서 일부 범행에 대하여 부인하고 있던 상황이었으므로, 피고인이 자발적으로 휴대전화를 수사기관에 제출하였는지를 엄격히 심사해야 하는 점, 수사기관이 임의제출자인 피고인에게 임의제출의 의미, 절차와 임의제출할 경우 피압수물을 임의로 돌려받지는 못한다는 사정 등을 고지하였음을 인정할 자료가 없는 점, 피고인은 당시 "경찰관으로부터 '휴대전화를 반환할 수 있다.'는 말을 들었다."라고 진술하는 등 휴대전화를 임의제출할 경우 나중에 번의하더라도 되돌려받지 못한다는 사정을 인식하고 있었다고 단정하기 어려운 점 등에 비추어 볼 때, 휴대전화 제출에 관하여 검사가 임의성의 의문점을 없애는 증명을 다하지 못하였으므로 휴대전화 및 그에 저장된 전자정보는 위법수집증거에 해당하여 증거능력이 없다는 이유로, 공소사실에 대하여 범죄의 증명이 없다고 보아 무죄를 선고한 원심의 결론이 옳다고 한 사례(대판 2024.3.12. 2020도9431).

---

❸ [이 사건 공소사실 중 나머지 부분] 원심은 그 판시와 같은 이유로 이 사건 공소사실 중 원심 판시 별지 범죄일람표 순번 제1 내지 25번에 관한 각 성폭력처벌법 위반(카메라등이용촬영)의 점에 대하여 피고인의 자백을 보강할 증거가 없다고 보아, 이를 유죄로 판단한 제1심판결을 파기하고 무죄를 선고하였다. 원심의 판단에 필요한 심리를 다하지 않은 채 논리와 경험의 법칙에 반하여 자유심증주의의 한계를 벗어나거나, 자백의 보강증거에 관한 법리를 오해한 잘못이 없다.

★★
13 　조세범칙조사를 담당하는 세무공무원이 피고인이 된 혐의자 또는 참고인에 대하여 심문한 내용을 기재한 조서는 피고인 또는 피고인이 아닌 자가 작성한 진술서나 그 진술을 기재한 서류에 해당한다. ○ | x

> **판결요지**
>
> 　조세범칙조사를 담당하는 세무공무원이 피고인이 된 혐의자 또는 참고인에 대하여 심문한 내용을 기재한 조서는 검사·사법경찰관 등 수사기관이 작성한 조서와 동일하게 볼 수 없으므로 형사소송법 제312조에 따라 증거능력의 존부를 판단할 수는 없고, 피고인 또는 피고인이 아닌 자가 작성한 진술서나 그 진술을 기재한 서류에 해당하므로 형사소송법 제313조에 따라 공판준비 또는 공판기일에서 작성자·진술자의 진술에 따라 성립의 진정함이 증명되고 나아가 그 진술이 특히 신빙할 수 있는상태 아래에서 행하여진 때에 한하여 증거능력이 인정된다. 이때 '특히 신빙할 수 있는 상태'란 조서 작성 당시 그 진술내용이나 조서 또는 서류의 작성에 허위 개입의 여지가 거의 없고, 그 진술내용의 신빙성과 임의성을 담보할 구체적이고 외부적인 정황이 있는 경우를 의미하는데, 조세범 처벌절차법 및 이에 근거한 시행령·시행규칙·훈령(조사사무처리규정) 등의 조세범칙조사 관련 법령에서 구체적으로 명시한 진술거부권 등 고지, 변호사 등의 조력을 받을 권리 보장, 열람·이의제기 및 의견진술권 등 심문조서의 작성에 관한 절차규정의 본질적인 내용의 침해·위반 등도 '특히 신빙할 수 있는 상태' 여부의 판단에 있어 고려되어야 한다(대판 2022.12.15. 2022도8824). 　　정답 | ○

★★★
14 　피고인이 아닌 자가 수사과정에서 진술서를 작성하였지만 수사기관이 조사과정의 진행경과를 확인하기 위하여 필요한 사항을 진술서에 기록하거나 별도의 서면에 기록한 후 수사기록에 편철하는 등 적절한 조치를 취하지 아니하여 형사소송법 제244조의4 제1항, 제3항에서 정한 절차를 위반한 경우, '적법한 절차와 방식'에 따라 수사과정에서 진술서가 작성되었다고 할 수 없다. ○ | x

> **판결요지**
>
> 　형사소송법 제312조 제5항은 피고인 또는 피고인이 아닌 자가 수사과정에서 작성한 진술서의 증거능력에 관하여 형사소송법 제312조 제1항부터 제4항까지 준용하도록 규정하고 있으므로, 검사 또는 사법경찰관이 피고인이 아닌 자의 진술을 기재한 조서의 증거능력이 인정되려면 '적법한 절차와 방식에 따라 작성된 것'이어야 한다는 법리가 피고인이 아닌 자가 수사과정에서 작성한 진술서의 증거능력에 관하여도 적용된다. 한편 검사 또는 사법경찰관이 피의자가 아닌 자의 출석을 요구하여 조사하는 경우에는 피의자를 조사하는 경우와 마찬가지로 조사장소에 도착한 시각, 조사를 시작하고 마친 시각, 그 밖에 조사과정의 진행경과를 확인하기 위하여 필요한 사항을 조서에 기록하거나 별도의 서면에 기록한 후 수사기록에 편철하도록 하는 등 조사과정을 기록하게 한 형사소송법 제221조 제1항, 제244조의4 제1항, 제3항의 취지는 수사기관이 조사과정에서 피조사자로부터 진술증거를 취득하는 과정을 투명하게 함으로써 그 과정에서의 절차적 적법성을 제도적으로 보장하려는 것이다. 따라서 수사기관이 수사에 필요하여 피의자가 아닌 자로부터 진술서를 작성·제출받는 경우에도 그 절차는 준수되어야 하므로, 피고인이 아닌 자가 수사과정에서 진술서를 작성하였지만 수사기관이 조사과정의 진행경과를 확인하기 위하여 필요한 사항을 그 진술서에 기록하거나 별도의 서면에 기록한 후 수사기록에 편철하는 등 적절한 조치를 취하지 아니하여 형사소송법 제244조의4 제1항, 제3항에서 정한 절차를 위반한 경우에는, 그 진술증거 취득과정의 절차적 적법성의 제도적 보장이 침해되지 않았다고 볼 만한 특별한 사정이 없는 한 '적법한 절차와 방식'에 따라 수사과정에서 진술서가 작성되

었다고 할 수 없어 증거능력을 인정할 수 없다. 이러한 형사소송법 규정 및 문언과 그 입법 목적 등에 비추어 보면, 형사소송법 제312조 제5항의 적용대상인 '수사과정에서 작성한 진술서'란 수사가 시작된 이후에 수사기관의 관여 아래 작성된 것이거나, 개시된 수사와 관련하여 수사과정에 제출할 목적으로 작성한 것으로, 작성 시기와 경위 등 여러 사정에 비추어 그 실질이 이에 해당하는 이상 명칭이나 작성된 장소 여부를 불문한다(대판 2022.10.27. 2022도9510).　　　　　　　　　**정답 ㅣ ○**

★★★
15 판례에 의할 때 다음 기술의 옳고 그름을 판단하라.

(1) 증인이 정당하게 증언거부권을 행사하여 증언을 거부하는 경우에는 형사소송법 제314조의 '그 밖에 이에 준하는 사유로 인하여 진술할 수 없는 때'에 해당하지 않아 그에 대한 수사기관 작성 참고인 진술조서는 증거능력이 없다.　　　　　　　　　　　　　　　　　　　　　　**○ㅣ✕**

(2) 증인이 정당하게 증언거부권을 행사한 것이 아니라도 증언을 거부하는 경우, 피고인이 증인의 증언거부 상황을 초래하였다는 등의 특별한 사정이 없는 한, 형사소송법 제314조의 '그 밖에 이에 준하는 사유로 인하여 진술할 수 없는 때'에 해당하지 않아 그에 대한 수사기관 작성 참고인 진술조서는 증거능력이 없다.　　　　　　　　　　　　　　　　　　　　　　　**○ㅣ✕**

(3) 증인의 증언 거부가 정당하게 증언거부권을 행사한 것이 아닌 경우이고 피고인이 증인의 증언거부 상황을 초래❹하였다는 등의 특별한 사정이 있다면 형사소송법 제314조의 적용을 배제할 이유가 없다.　　　　　　　　　　　　　　　　　　　　　　　　　　　　**○ㅣ✕**

> **판결요지**
>
> **[다수의견]** 수사기관에서 진술한 참고인이 법정에서 증언을 거부하여 피고인이 반대신문을 하지 못한 경우에는 정당하게 증언거부권을 행사한 것이 아니라도, 피고인이 증인의 증언거부 상황을 초래하였다는 등의 특별한 사정이 없는 한 형사소송법 제314조의 '그 밖에 이에 준하는 사유로 인하여 진술할 수 없는 때'에 해당하지 않는다고 보아야 한다. 따라서 증인이 정당하게 증언거부권을 행사하여 증언을 거부한 경우와 마찬가지로 수사기관에서 그 증인의 진술을 기재한 서류는 증거능력이 없다.
>
> 다만, 피고인이 증인의 증언거부 상황을 초래하였다는 등의 특별한 사정이 있는 경우에는 형사소송법 제314조의 적용을 배제할 이유가 없다. 이러한 경우까지 형사소송법 제314조의 '그 밖에 이에 준하는 사유로 인하여 진술할 수 없는 때'에 해당하지 않는다고 보면 사건의 실체에 대한 심증 형성은 법관의 면전에서 본래증거에 대한 반대신문이 보장된 증거조사를 통하여 이루어져야 한다는 실질적 직접심리주의와 전문법칙에 대하여 예외를 정한 형사소송법 제314조의 취지에 반하고 정의의 관념에도 맞지 않기 때문이다.
>
> **[대법관 박상옥의 별개의견]** 증인이 정당하게 증언거부권을 행사한 것으로 볼 수 없는 경우에는 형사소송법 제314조의 '그 밖에 이에 준하는 사유로 인하여 진술할 수 없는 때'에 해당한다고 보아야 한다. 증인이 정당하게 증언거부권을 행사하여 증언을 거부하는 경우에는 형사소송법 제314조의 '그 밖에 이에 준하는 사유로 인하여 진술할 수 없는 때'에 해당하지 않아 그에 대한 수사기관 작성 참고인 진술조서는 증거능력이 없고, 그 후 증언거부의 사유가 소멸된 시점에 증인이 재차 법정에 출석하여 또다시 증언을 거부하더라도 더 이상 형사소송법 제314조에 의하여 그의 참고인 진술조서의 증거능력이 인정될 수는 없다고 보아야 한다(대판(전) 2019.11.21. 2018도13945).
>
> **[판례해설]** [1] 소수견해는 형사소송법 제314조를 해석할 때에는 직접심리주의와 공판중심주의(전문증거의 증거능력을 제한하는 원리에 해당한다)는 물론 실체적 진실 발견의 이념(전문증거의 증거능

---
❹ 피고인이 증인을 회유·협박하여 증언을 거부하도록 하는 경우가 그 예이다.

력 인정범위를 넓히는 원리로 볼 수 있다)도 함께 고려하여야 한다고 주장한다. [2] 다수견해는 소수 견해에 대하여, 증인이 정당하게 증언거부권을 행사한 것으로 볼 수 없는 경우를 형사소송법 제314 조의 '그 밖에 이에 준하는 사유로 인하여 진술할 수 없는 때'에 해당한다고 보면, 참고인이 수사과정에서 피고인에게 불리한 진술을 해놓고 나중에 법정에서 증언을 거부하는 경우에도 참고인진술조서가 증거능력을 갖게 되어 죄가 없는 피고인이 억울하게 형사처벌을 받게 되는 결과가 발생할 수도 있다는 점을 지적한다. **정답 | (1) ○, (2) ○, (3) ○**

★★ 16

피고인의 수사기관 진술이 '특히 신빙할 수 있는 상태하에서 행하여졌음에 대한 증명'은 단지 그러할 개연성이 있다는 정도로는 부족하고 합리적인 의심의 여지를 배제할 정도에 이르러야 한다.

O | X

판결요지

형사소송법은 검사, 사법경찰관 등 수사기관이 작성한 피의자신문조서는 그 피의자였던 피고인 또는 변호인이 공판준비 또는 공판기일에 내용을 인정하지 아니하면 증거능력을 부정하면서도(제312조 제1항, 제3항), 검사, 사법경찰관 등 공소제기 전에 피고인을 피의자로 조사하였거나 그 조사에 참여하였던 자, 즉 조사자의 공판준비 또는 공판기일에서의 진술이 피고인의 수사기관 진술을 내용으로 하는 것인 때에는 그 진술이 '특히 신빙할 수 있는 상태하에서 행하여졌음이 증명된 때'에 한하여 이를 증거로 할 수 있다고 규정하고 있다(제316조 제1항). 여기서 '그 진술이 특히 신빙할 수 있는 상태하에서 행하여졌음'이란 그 진술을 하였다는 것에 허위 개입의 여지가 거의 없고, 그 진술내용의 신빙성이나 임의성을 담보할 구체적이고 외부적인 정황이 있음을 의미한다.

이러한 특신상태는 증거능력의 요건에 해당하므로 검사가 그 존재에 대하여 구체적으로 주장·증명하여야 하는데, 피고인의 수사기관 진술이 '특히 신빙할 수 있는 상태하에서 행하여졌음에 대한 증명'은 단지 그러할 개연성이 있다는 정도로는 부족하고 합리적인 의심의 여지를 배제할 정도에 이르러야 한다. 피고인이나 변호인이 그 내용을 인정하지 않더라도 검사, 사법경찰관 등 조사자의 법정증언을 통하여 피고인의 수사기관 진술내용이 법정에 현출되는 것을 허용하는 것은, 형사소송법 제312조 제1항, 제3항이 피고인의 수사기관 진술은 신용성의 정황적 보장이 부족하다고 보아 피고인이나 변호인이 그 내용을 인정하지 않는 이상 피의자신문조서의 증거능력을 인정하지 않음으로써 그 진술내용이 법정에 현출되지 않도록 규정하고 있는 것에 대하여 중대한 예외를 인정하는 것이어서, 이를 폭넓게 허용하는 경우 형사소송법 제312조 제1항, 제3항의 입법취지와 기능이 크게 손상될 수 있기 때문이다(대판 2023.10.26. 2023도7301).

[사실관계] 1) 경찰관 공소외인은 피고인에 대하여 세 차례 피의자신문을 하였는데, 세 차례 모두 피고인의 변호인은 동석하지 아니하였다. 피고인은 임의동행 직후 경찰관 공소외인으로부터 제1회 피의자신문을 받으면서 당초에는 필로폰 투약 범행을 부인하였으나 경찰관 공소외인이 소변의 임의제출을 종용하는 듯한 태도를 취하자 이를 번복하여 '2021. 8. 4. 18:00경 김해시 ○○동 소재 △△공원 내 벤치에서 불상량의 필로폰을 커피에 타서 마시는 방법으로 투약하였다'는 취지로 진술하였다. 그후, 경찰관 공소외인은 피고인 휴대전화의 발신 기지국 위치를 통하여 피고인이 2021. 8. 4. 18:00경위 △△공원이 아닌 다른 곳에 있었고, 같은 날 22:46경 위 △△공원 부근에 있었음을 확인하였다. 경찰관 공소외인은 피고인을 재차 소환하여 위와 같은 사실을 언급하면서 2021. 8. 4. 18:00경이 아닌 같은 날 22:46경에 필로폰을 투약한 것이 아닌지 물었고, 이에 피고인은 기존 진술을 번복하면서 공소사실 기재와 같이 2021. 8. 4. 23:00경 필로폰을 투약하였던 것 같다는 취지로 진술하였다. 피고인은 법정에서 경찰관 공소외인이 작성한 피의자신문조서의 내용을 부인하였고, 경찰관 공소외인은

제1심 법정에 출석하여 피고인이 조사 당시 강요나 회유 없이 자발적으로 공소사실 기재 필로폰 투약 범행을 자백하였다는 취지로 증언하였다.

[판례해설] 경찰관 공소외인의 제1심 증언은 피고인의 조사 당시 진술을 그 내용으로 하고 있으므로, 조사 당시 피고인이 진술한 내용의 신빙성이나 임의성을 담보할 수 있는 구체적이고 외부적인 정황이 존재한다는 점이 합리적인 의심의 여지를 배제할 정도로 주장·증명 되어야 증거로 사용될 수 있다. 그런데 피고인은 조사 당시 변호인의 동석 없이 진술하였고, 피고인의 진술 중 범인만이 알 수 있는 내용에 관한 자발적, 구체적 진술로 평가될 수 있는 부분도 존재하지 아니한다. 달리 피고인 진술내용의 신빙성 내지 임의성을 담보할 수 있는 구체적·외부적 정황을 인정할 사정이 발견되지 않는다. 오히려 피고인은 임의동행 직후 경찰관 공소외인이 소변의 임의제출을 종용하자 필로폰 투약 사실을 인정하고, 이후 경찰관 공소외인이 발신 기지국 위치를 통하여 확인된 사실을 기초로 진술 번복을 유도하자 그에 따라 공소사실 기재와 같은 필로폰 투약범행을 인정한 것으로 보일 뿐이다. 이는 피고인이 조사 당시 그 진술내용을 신빙하기 어려운 상태에 있었다고 의심되는 정황이다. 따라서 경찰관 공소외인의 제1심 증언은 그 증거능력이 인정된다고 보기 어렵다. 정답 | ○

★★★
17 판례에 의할 때 다음 기술의 옳고 그름을 판단하라.

(1) 압수조서의 압수경위 란에 기재된 피의자였던 피고인의 자백진술은 피고인이 쟁점 공소사실을 부인하고 경찰에서 작성된 피의자신문조서의 내용을 부인하더라도 증거능력이 인정된다. ○ | X

(2) 변호인 의견서에 피고인이 피의사실을 전부 자백하였다는 취지로 기재되어 있는 경우에는, 피고인이 공판과정에서 일관되게 공소사실을 부인하고 경찰에서 작성된 피의자신문조서의 내용을 부인하더라도 증거능력이 인정된다. ○ | X

판결요지

[1] 제312조 제3항에 의하면, 검사 이외의 수사기관이 작성한 피의자신문조서는 그 피의자였던 피고인 또는 변호인이 그 내용을 인정할 때에 한하여 증거로 할 수 있다. 피의자의 진술을 기재한 서류 내지 문서가 수사기관의 수사과정에서 작성된 것이라면 그 서류나 문서의 형식과 관계없이 피의자신문조서와 달리 볼 이유가 없으므로, 수사기관이 작성한 압수조서에 기재된 피의자였던 피고인의 자백 진술 부분은 피고인 또는 변호인이 내용을 부인하는 이상 증거능력이 없다.

[2] 수사기관에 제출된 변호인의견서 즉, 변호인이 피의사건의 실체나 절차에 관하여 자신의 의견 등을 기재한 서면에 피의자가 당해사건 수사기관에 한 진술이 인용되어 있는 경우가 있다. 변호인의견서에 기재된 이러한 내용의 진술은 수사기관의 수사과정에서 작성된 '피의자의 진술이 기재된 신문조서나 진술서 등'으로부터 독립하여 증거능력을 가질 수 없는 성격의 것이고, '피의자의 진술이 기재된 신문조서나 진술서 등'의 증거능력을 인정하지 않는 경우에 변호인의견서에 기재된 동일한 내용의 피의자 진술 부분을 유죄의 증거로 사용할 수 있다면 피의자였던 피고인에게 불의의 타격이 될 뿐만 아니라 피의자 등의 보호를 목적으로 하는 변호인의 지위나 변호인 제도의 취지에도 반하게 된다. 따라서 피고인이 피의자였을 때 수사기관에 한 진술이 기재된 조서나 수사과정에서 작성된 진술서 등의 증거능력을 인정할 수 없다면 수사기관에 제출된 변호인의견서에 기재된 같은 취지의 피의자 진술 부분도 유죄의 증거로 사용할 수 없다(대판 2024.5.30. 2020도16796).

[사실관계] 압수조서의 압수경위 란 및 수사기관에 제출된 변호인 의견서에도 피고인이 피의사실을 전부 자백하였다는 취지로 기재되어 있는데, 피고인이 공판과정에서 일관되게 쟁점 공소사실을 부인하면서 경찰에서 작성된 피의자신문조서의 내용을 부인한 사안임.

★
18   형사소송법 제314조에서 '특히 신빙할 수 있는 상태하에서 행하여졌음에 대한 증명'은 단지 그러할 개연성이 있다는 정도로는 부족하고, 합리적 의심의 여지를 배제할 정도, 즉 법정에서의 반대신문 등을 통한 검증을 굳이 거치지 않더라도 진술의 신빙성을 충분히 담보할 수 있어 실질적 직접심리주의와 전문법칙에 대한 예외로 평가할 수 있는 정도에 이르러야 한다.   ○ | x

판결요지

형사소송법 제314조에서 '그 진술 또는 작성이 특히 신빙할 수 있는 상태하에서 행하여졌음'이란 그 진술 내용이나 조서 또는 서류의 작성에 허위가 개입할 여지가 거의 없고, 그 진술 내지 작성 내용의 신빙성이나 임의성을 담보할 구체적이고 외부적인 정황이 있는 경우를 가리킨다.

형사소송법은 수사기관에서 작성된 조서 등 서면증거에 대하여 일정한 요건 아래 증거능력을 인정하는데, 이는 실체적 진실발견의 이념과 소송경제의 요청을 고려하여 예외적으로 허용하는 것이므로, 그 증거능력 인정 요건에 관한 규정은 엄격하게 해석·적용하여야 한다. 형사소송법 제312조, 제313조는 진술조서 등에 대하여 피고인 또는 변호인의 반대신문권이 보장되는 등 엄격한 요건이 충족될 경우에 한하여 증거능력을 인정할 수 있도록 함으로써 직접심리주의 등 기본원칙에 대한 예외를 정하고 있는데, 형사소송법 제314조는 원진술자 또는 작성자가 사망·질병·외국거주·소재불명 등의 사유로 공판준비 또는 공판기일에 출석하여 진술할 수 없는 경우에 그 진술이 특히 신빙할 수 있는 상태하에서 행하여졌다는 점이 증명되면 원진술자 등에 대한 반대신문의 기회조차도 없이 증거능력을 부여할 수 있도록 함으로써 보다 중대한 예외를 인정한 것이므로, 그 요건을 더욱 엄격하게 해석·적용하여야 한다. 따라서 형사소송법 제314조에서 '특히 신빙할 수 있는 상태하에서 행하여졌음에 대한 증명'은 단지 그러할 개연성이 있다는 정도로는 부족하고, 합리적 의심의 여지를 배제할 정도, 즉 법정에서의 반대신문 등을 통한 검증을 굳이 거치지 않더라도 진술의 신빙성을 충분히 담보할 수 있어 실질적 직접심리주의와 전문법칙에 대한 예외로 평가할 수 있는 정도에 이르러야 한다(대판 2024.4.12. 2023도13406).

[사실관계] 피고인들이 망인과 합동하여 2006. 11.경 피해자(여, 당시 14세)의 심신상실 또는 항거불능 상태를 이용하여 간음하였다는 「성폭력범죄의 처벌 및 피해자보호 등에 관한 법률」위반(특수준강간)으로 기소된 사안임.

[판례해설] 대법원은 위와 같은 법리를 설시하면서, ① 망인이 사건 이후 14년 이상 경과하도록 피고인들이나 피해자에게는 물론, 가족이나 친구 등 가까운 사람에게 이 사건을 언급하거나 죄책감 등을 호소한 적이 없어 자신의 범행을 참회할 의도로 이 사건 유서를 작성하였다고 단정하기 어렵고, 따라서 허위 개입의 여지가 거의 없다고 단정할 수 있을 정도로 작성 동기나 경위가 뚜렷하다고 평가할 수 없는 점, ② 망인은 수사기관에서조차 이 사건 유서의 작성 경위, 구체적 의미 등에 관하여 진술한 바가 없는 점, ③ 이 사건 유서가 사건 발생일 즈음이 아니라 사건 발생일로부터 무려 14년 이상 경과된 이후 작성된 점, ④ 망인이 자살 직전 A4 용지 1장 분량으로 작성한 이 사건 유서는 그 표현이나 구체성에 한계가 있을 수밖에 없고, 실제 이 사건 유서에는 피고인들의 구체적인 행위내용에 관한

세세한 묘사 없이 '유사성행위', '성관계'라고 추상적으로 기재되어 있을 뿐, 구체적 정황이나 실행행위 분담 내용, 시간적·장소적 협동관계에 관한 구체적·세부적 기재가 없으며, 그 기재 내용이 객관적 증거, 진술증거로 뒷받침된다고 보기도 어려운 점, ⑤ 이 사건 유서의 내용 중 피해자의 진술 등과 명백히 배치되는 부분도 존재하는 점 등에 비추어 보면, 망인에 대한 반대신문이 가능하였다면 그 과정에서 구체적, 세부적 진술이 현출됨으로써 기억의 오류, 과장, 왜곡, 거짓 진술 등이 드러났을 가능성을 배제하기 어려워, 이 사건 유서의 내용이 법정에서의 반대신문 등을 통한 검증을 굳이 거치지 않아도 될 정도로 신빙성이 충분히 담보된다고 평가할 수 없고, 따라서 이 사건 유서의 증거능력을 인정한 원심의 판단은 수긍하기 어렵다고 보아, 이 사건 유서를 유죄의 주요 증거로 삼아 이 사건 공소사실을 유죄로 판단한 원심을 파기·환송함. **정답 | ○**

증명력의 판단

19 인접한 시기에 같은 피해자를 상대로 저질러진 동종 범죄에 대해서도 각각의 범죄에 따라 피해자 진술의 신빙성이나 그 신빙성 유무를 기초로 한 범죄 성립 여부를 달리 판단할 수 있다. **ㅇ | x**

> **판결요지**
>
> 사실인정의 전제로 이루어지는 증거의 취사선택과 증명력에 대한 판단은 자유심증주의의 한계를 벗어나지 않는 한 사실심 법원의 재량에 속한다(형사소송법 제308조). 인접한 시기에 같은 피해자를 상대로 저질러진 동종 범죄라도 각각의 범죄에 따라 범행의 구체적인 경위, 피해자와 피고인 사이의 관계, 피해자를 비롯한 관련 당사자의 진술 등이 다를 수 있다. 따라서 사실심 법원은 인접한 시기에 같은 피해자를 상대로 저질러진 동종 범죄에 대해서도 각각의 범죄에 따라 피해자 진술의 신빙성이나 그 신빙성 유무를 기초로 한 범죄 성립 여부를 달리 판단할 수 있고, 이것이 실체적 진실발견과 인권보장이라는 형사소송의 이념에 부합한다(대판 2022.3.31. 2018도19472,2018전도126). **정답 | ○**

20 피고인의 친딸로 가족관계에 있던 피해자가 '마땅히 그러한 반응을 보여야만 하는 피해자'로 보이지 않는다는 이유만으로 피해자 진술의 신빙성을 함부로 배척할 수 없다. **ㅇ | x**

> **판결요지**
>
> 성폭행 피해자의 대처 양상은 피해자의 성정이나 가해자와의 관계 및 구체적인 상황에 따라 다르게 나타날 수밖에 없다. 따라서 개별적, 구체적인 사건에서 성폭행 등의 피해자가 처하여 있는 특별한 사정을 충분히 고려하지 않은 채 피해자 진술의 증명력을 가볍게 배척하는 것은 정의와 형평의 이념에 입각하여 논리와 경험의 법칙에 따른 증거판단이라고 볼 수 없다. 피고인의 친딸로 가족관계에 있던 피해자가 '마땅히 그러한 반응을 보여야만 하는 피해자'로 보이지 않는다는 이유만으로 피해자 진술의 신빙성을 함부로 배척할 수 없다. 그리고 친족관계에 의한 성범죄를 당하였다는 피해자의 진술은 피고인에 대한 이중적인 감정, 가족들의 계속되는 회유와 압박 등으로 인하여 번복되거나 불분명해질 수 있는 특수성이 있다는 점을 고려해야 한다(대판 2020.8.20. 2020도6965). **정답 | ○**

21 공소사실을 인정할 증거로 사실상 피해자의 진술이 유일한 경우에 피고인의 진술이 경험칙상 합리성이 없고 그 자체로 모순되어 믿을 수 없다면 법관의 자유판단에 따라 피해자 진술의 신빙성을 뒷받침하거나 직접증거인 피해자 진술과 결합하여 공소사실을 뒷받침하는 간접정황이 될 수 없다. **O | X**

판결요지

성폭력 사건에서 피고인이 공소사실을 부인하고 있고 공소사실에 부합하는 직접증거로 사실상 피해자의 진술이 유일한 경우, 피해자의 진술이 합리적인 의심을 배제할 만한 신빙성이 있는지 여부는 그 진술 내용의 주요한 부분이 일관되고 구체적인지, 진술 내용이 논리와 경험칙에 비추어 합리적이고, 진술 자체로 모순되거나 객관적으로 확인된 사실이나 사정과 모순되지는 않는지, 또는 허위로 피고인에게 불리한 진술을 할 만한 동기나 이유가 있는지 등을 종합적으로 고려하여 신중하게 판단하여야 한다.

경험칙이란 각개의 경험으로부터 귀납적으로 얻어지는 사물의 성상이나 인과의 관계에 관한 사실판단의 법칙이므로 경험칙을 도출하기 위하여서는 그 기초되는 구체적인 경험적 사실의 존재가 전제되어야 한다. 성폭력 범죄는 성별에 따라 차별적으로 구조화된 성을 기반으로 지극히 사적인 영역에서 발생하므로, 피해자라도 본격적으로 문제를 제기하게 되기 전까지는 피해 사실이 알려지기를 원하지 아니하고 가해자와 종전의 관계를 계속 유지하는 경우도 적지 아니하며, 피해상황에서도 가해자에 대한 이중적인 감정을 느끼기도 한다.

한편 누구든지 일정 수준의 신체접촉을 용인하였더라도 자신이 예상하거나 동의한 범위를 넘어서는 신체접촉을 거부할 수 있고, 피해상황에서 명확한 판단이나 즉각적인 대응을 하는 데에 어려움을 겪을 수 있다. 이와 같이 성폭력 피해자의 대처 양상은 피해자의 나이, 성별, 지능이나 성정, 사회적 지위와 가해자와의 관계 등 구체적인 처지와 상황에 따라 다르게 나타날 수밖에 없다. 따라서 피해자의 진술 내용이 논리와 경험칙에 비추어 합리적인지 여부는 개별적, 구체적인 사건에서 성폭력 피해자가 처하여 있는 상황에 기초하여 판단하여야 하고, 그러한 사정을 충분히 고려하지 아니한 채 통상의 성폭력 피해자라면 마땅히 보여야 할 반응을 상정해 두고 이러한 통념에 어긋나는 행동을 하였다는 이유로 섣불리 경험칙에 어긋난다거나 합리성이 없다고 판단하는 것은 정의와 형평의 이념에 입각하여 논리와 경험의 법칙에 따른 증거판단이라고 볼 수 없다. 그리고 공소사실을 인정할 증거로 사실상 피해자의 진술이 유일한 경우에 피고인의 진술이 경험칙상 합리성이 없고 그 자체로 모순되어 믿을 수 없다고 하여 그것이 공소사실을 인정하는 직접증거가 되는 것은 아니지만, 이러한 사정은 법관의 자유판단에 따라 피해자 진술의 신빙성을 뒷받침하거나 직접증거인 피해자 진술과 결합하여 공소사실을 뒷받침하는 간접정황이 될 수 있다(대판 2022.8.19. 2021도3451).

정답 | X

22 혈중알코올농도 측정 없이 위드마크 공식을 사용해 피고인이 마신 술의 양을 기초로 피고인의 운전 당시 혈중알코올농도를 추산하는 경우로서 알코올의 분해소멸에 따른 혈중알코올농도의 감소기(위드마크 제2공식, 하강기)에 운전이 이루어진 것으로 인정되는 경우, 피고인에게 가장 유리한 음주 시작 시점부터 곧바로 생리작용에 의하여 분해소멸이 시작되는 것으로 보아야 한다.

o | x

판결요지

혈중알코올농도 측정 없이 위드마크 공식을 사용해 피고인이 마신 술의 양을 기초로 피고인의 운전 당시 혈중알코올농도를 추산하는 경우로서 알코올의 분해소멸에 따른 혈중알코올농도의 감소기(위드마크 제2공식, 하강기)에 운전이 이루어진 것으로 인정되는 경우에는 피고인에게 가장 유리한 음주 시작 시점부터 곧바로 생리작용에 의하여 분해소멸이 시작되는 것으로 보아야 한다. 이와 다르게 음주 개시 후 특정 시점부터 알코올의 분해소멸이 시작된다고 인정하려면 알코올의 분해소멸이 시작되는 시점이 다르다는 점에 관한 과학적 증명 또는 객관적인 반대 증거가 있거나, 음주 시작 시점부터 알코올의 분해소멸이 시작된다고 보는 것이 그렇지 않은 경우보다 피고인에게 불이익하게 작용되는 특별한 사정이 있어야 한다(대판 2022.5.12. 2021도14074). 한편, 시간당 알코올분해량에 관하여 알려져 있는 신빙성 있는 통계자료 중 피고인에게 가장 유리한 것을 대입하여 위드마크 공식을 적용하여 운전 시의 혈중알코올농도를 계산하는 것은 피고인에게 실질적인 불이익을 줄 우려가 없으므로 그 계산결과는 유죄의 인정자료로 사용할 수 있다고 하여야 한다(대판 2023.12.28. 2020도6417).

정답 | O

23 공소사실을 뒷받침하는 증인 진술의 신빙성을 배척한 제1심판단을 뒤집는 경우에는 무죄추정의 원칙과 형사증명책임의 원칙에 비추어 이를 수긍할 수 없는 충분하고도 납득할 만한 현저한 사정이 나타나는 경우여야 한다.

o | x

판결요지

형사소송법상 항소심은 속심을 기반으로 하되 사후심의 요소도 상당 부분 들어 있는 이른바 사후심적 속심의 성격을 가지므로, 항소심에서 제1심판결의 당부를 판단할 때에는 이러한 심급구조의 특성을 고려해야 한다. 항소심이 심리과정에서 심증의 형성에 영향을 미칠 만한 객관적 사유가 새로 드러난 것이 없는데도 제1심판단을 재평가하여 사후심적으로 판단하여 뒤집고자 할 때에는, 제1심의 증거가치 판단이 명백히 잘못되었다거나 사실인정에 이르는 논증이 논리와 경험의 법칙에 어긋나는 등 그 판단을 그대로 유지하는 것이 현저히 부당하다고 볼 만한 합리적인 사정이 있어야 하고, 그러한 예외적 사정도 없이 제1심의 사실인정에 관한 판단을 함부로 뒤집어서는 안 된다(대판 2022.5.26. 2017도11582).

정답 | O

★★
24 유전자검사나 혈액형검사 등 과학적 증거방법은 전제로 하는 사실이 모두 진실임이 증명되고 추론의 방법이 과학적으로 정당하여 오류의 가능성이 없거나 무시할 정도로 극소하다고 인정되는 경우에는 법관이 사실인정을 할 때 상당한 정도로 구속력을 가진다. 그러나 이 경우 법관은 과학적 증거방법이 증명하는 대상이 무엇인지, 즉 증거방법과 쟁점이 어떠한 관련성을 갖는지를 면밀히 살펴 신중하게 사실인정을 하여야 한다. ㅇ|x

판결요지

[구미여아사건] 형사재판에서 범죄사실의 인정은 법관으로 하여금 합리적인 의심을 할 여지가 없을 정도의 확신을 가지게 하는 증명력을 가진 엄격한 증거에 의하여야 하므로, 검사의 증명이 그만한 확신을 가지게 하는 정도에 이르지 못한 경우에는 설령 피고인의 주장이나 변명이 모순되거나 석연치 않은 면이 있어 유죄의 의심이 가는 등의 사정이 있다고 하더라도 피고인의 이익으로 판단하여야 한다. 법정형이 무거운 범죄의 경우에도 직접증거 없이 간접증거만으로 유죄를 인정할 수 있으나, 그러한 유죄 인정에는 공소사실에 대한 관련성이 깊은 간접증거들에 의하여 신중한 판단이 요구되므로, 간접증거에 의하여 주요사실의 전제가 되는 간접사실을 인정할 때에는 증명이 합리적인 의심을 허용하지 않을 정도에 이르러야 하고, 하나하나의 간접사실 사이에 모순, 저촉이 없어야 하는 것은 물론 간접사실이 논리와 경험칙, 과학법칙에 의하여 뒷받침되어야 한다. 그러므로 유죄의 인정은 범행 동기, 범행수단의 선택, 범행에 이르는 과정, 범행 전후 피고인의 태도 등 여러 간접사실로 보아 피고인이 범행한 것으로 보기에 충분할 만큼 압도적으로 우월한 증명이 있어야 한다. 피고인은 무죄로 추정된다는 것이 헌법상의 원칙이고, 그 추정의 번복은 직접증거가 존재할 경우에 버금가는 정도가 되어야 한다. 그리고 범행에 관한 간접증거만이 존재하고 더구나 그 간접증거의 증명력에 한계가 있는 경우, 범인으로 지목되고 있는 자에게 범행을 저지를 만한 동기가 발견되지 않는다면, 만연히 무엇인가 동기가 분명히 있는데도 이를 범인이 숨기고 있다고 단정할 것이 아니라 반대로 간접증거의 증명력이 그만큼 떨어진다고 평가하는 것이 형사증거법의 이념에 부합하는 것이다.
유전자검사나 혈액형검사 등 과학적 증거방법은 전제로 하는 사실이 모두 진실임이 증명되고 추론의 방법이 과학적으로 정당하여 오류의 가능성이 없거나 무시할 정도로 극소하다고 인정되는 경우에는 법관이 사실인정을 할 때 상당한 정도로 구속력을 가진다. 그러나 이 경우 법관은 과학적 증거방법이 증명하는 대상이 무엇인지, 즉 증거방법과 쟁점이 어떠한 관련성을 갖는지를 면밀히 살펴 신중하게 사실인정을 하여야 한다(대판 2022.6.16. 2022도2236). **정답 | ㅇ**

★
25 피고인이 수사과정에서 공소사실을 부인하였고 그 내용이 기재된 피의자신문조서 등에 관하여 증거동의를 한 경우에는, 형사소송법에 따라 증거능력 자체가 부인되는 것은 아니지만, 전체적 내용이나 진술의 맥락·취지를 고려하지 않은 채 그중 일부만을 발췌하여 유죄의 증거로 사용하는 것은 함부로 허용할 수 없다. ㅇ|x

판결요지

피고인이 수사과정에서 공소사실을 부인하였고 그 내용이 기재된 피의자신문조서 등에 관하여 증거동의를 한 경우에는, 형사소송법에 따라 증거능력 자체가 부인되는 것은 아니지만, 전체적 내용이나 진술의 맥락·취지를 고려하지 않은 채 그중 일부만을 발췌하여 유죄의 증거로 사용하는 것은 함부로 허용할 수 없다. 특히 지적능력·판단능력 등과 같이 본질적으로 수사기관이 작성한 진술조서에

나타나기 어려운 피고인의 상태에 대해서는 공판중심주의 및 실질적 직접심리주의 원칙에 따라 검사가 제출한 객관적인 증거에 대하여 적법한 증거조사를 거친 후 이를 인정하여야 할 것이지, 공소사실을 부인하는 취지의 피고인 진술이 기재된 피의자신문조서 중 일부를 근거로 이를 인정하여서는 안된다(대판 2024.1.4. 2023도13081).　　　　　　　　　　　　　　　　　　　　　　　　정답 | O

공판조서의 증명력

| 관련판례 | – 공판조서의 절대적 증명력

공판조서의 기재가 명백한 오기인 경우를 제외하고는 공판기일의 소송절차로서 공판조서에 기재된 것은 조서의 기재만으로 증명하여야 하고, 그 증명력은 절대적인 것으로 공판조서 이외의 자료로 반증하는 것이 허용되지 않는다(대판 2018.5.11. 2018도4075). ★반면에 어떤 소송절차가 진행된 내용이 공판조서에 기재되지 않았다고 하여 당연히 그 소송절차가 당해 공판기일에 행하여지지 않은 것으로 추정되는 것은 아니고 공판조서에 기재되지 않은 소송절차의 존재가 공판조서에 기재된 다른 내용이나 공판조서 이외의 자료로 증명될 수 있고, 이는 소송법적 사실이므로 자유로운 증명의 대상이 된다 (대판 2023.6.15. 2023도3038).

종국재판

26 아동·청소년의 성보호에 관한 법률 위반(강간등치상)죄로 1심에서 유죄가 인정되어 징역 4년을 선고받은 피고인의 항소심에서, 변론종결 후 제출된 피해자의 사망진단서를 근거로 피해자가 피고인의 범행으로 인한 고통 때문에 자살하였다고 단정한 뒤, 변론을 재개하여 새로운 양형조건에 관하여 추가로 심리하지 않은 채 이를 가중적 양형조건의 중대한 변경 사유로 보아 제1심판결을 파기하고 양형기준의 권고형을 넘어 징역 9년을 선고한 경우 할 양형심리절차에 관한 법리를 오해하여 필요한 심리를 다하지 아니한 잘못이 있다.　　　　　　　　　　　　　　　　　　　O | X

판결요지

형사재판의 기본이념과 관련 규정들을 종합하여 볼 때, 사실심 변론종결 후 검사나 피해자 등에 의해 피고인에게 불리한 새로운 양형조건에 관한 자료가 법원에 제출되었다면, 사실심법원으로서는 변론을 재개하여 그 양형자료에 대하여 피고인에게 의견진술 기회를 주는 등 필요한 양형심리절차를 거침으로써 피고인의 방어권을 실질적으로 보장해야 한다(대판 2021.9.30. 2021도5777).　　　정답 | O

27 유죄판결이 확정된 피고인의 '피고인이 ◇◇◇◇◇◇◇◇◇◇◇◇ 등의 법인카드로 공소외 1의 선거관련 비용을 결제하기로 공소외 2 등과 공모하여 2015. 2. 26. 서울 강남구 △△동 소재 ㅁㅁ ㅁ호텔 및 인근 중식당 등에서 위 조합 등의 법인카드로 선거인들의 위 호텔 및 중식당 등에 대한 숙식료를 결제하여 그 임무에 위배하여 피해자인 위 조합 등에게 재산상 손해를 가하였다'는 공소 사실은 '피고인이 공소외 1 등과 공모하여 2015. 2. 27. 실시된 제25대 ○○○○○○○ 선거에서 회장으로 입후보한 공소외 1을 당선시킬 목적으로 선거일 전날인 2015. 2. 26. 선거인들에게 서울 강남구 △△동 소재 ㅁㅁㅁ호텔 및 인근 중식당 등에서 숙식을 제공하여 재산상 이익을 제공하였 다'는 공소사실에 미치지 않는다.   O | X

> **판결요지**
>
> 이 사건 중소기업협동조합법 위반 부분과 확정판결 중 업무상배임 부분은 각 범죄의 구성요건 및 행 위의 태양과 보호법익을 달리하고 있어 상상적 경합 관계에 있다고 볼 수 없고, 실체적 경합 관계에 있다. 따라서 피고인이 업무상배임죄의 범죄사실에 관하여 확정판결을 받았다고 하더라도 그 확정판 결의 기판력이 이 사건 중소기업협동조합법 위반죄의 공소사실에까지 미치는 것은 아니므로, 피고인 에 대하여 면소를 선고할 수는 없다(대판 2023.2.23. 2020도12431).   **정답 | O**

★★★
28 교통사고처리 특례법 제3조 제2항 단서 제7호에서 말하는 '도로교통법 제43조를 위반'한 행위는 도로교통법 위반(무면허운전)죄와 마찬가지로 유효한 운전면허가 없음을 알면서도 자동차를 운전 하는 경우만을 의미한다고 보아야 한다.   O | X

> **판결요지**
>
> 도로교통법 위반(무면허운전)죄는 도로교통법 제43조를 위반하여 운전면허를 받지 아니하고 자동차 를 운전하는 경우에 성립하는 범죄로, 유효한 운전면허가 없음을 알면서도 자동차를 운전하는 경우 에만 성립하는 고의범이다(대판 2004.12.10. 2004도6480). 「교통사고처리 특례법」 제3조 제2항 단서 제7호는 도로교통법위반(무면허운전)죄와 동일하게 도로교통법 제43조를 위반하여 운전면허를 받지 아니하고 자동차를 운전하는 행위를 대상으로 교통사고 처벌 특례를 적용하지 않도록 하고 있다. 따 라서 위 단서 제7호에서 말하는 '도로교통법 제43조를 위반'한 행위는 도로교통법 위반(무면허운전) 죄와 마찬가지로 유효한 운전면허가 없음을 알면서도 자동차를 운전하는 경우만을 의미한다고 보아 야 한다.
> 원심은 판시와 같은 이유로 이 사건 공소사실 중 도로교통법 위반(무면허운전) 부분에 대하여는 범 죄의 증명이 없다고 보아 무죄를 선고하고, 「교통사고처리 특례법」 위반(치상) 부분에 대하여는 공 소를 기각한 제1심판결을 그대로 유지하였다. 원심판결 이유를 위 법리와 기록에 비추어 살펴보면, 원심의 판단에 논리와 경험의 법칙을 위반하여 자유심증주의의 한계를 벗어나거나 도로교통법 위반 (무면허운전)죄의 고의, 「교통사고처리특례법」 위반(치상)죄의 소추조건에 관한 법리를 오해한 잘못 이 없다(대판 2023.6.29. 2021도17733).❺   **정답 | O**

---

❺ 형법과 관련하여 고의범이 문제되나 실질적으로 기록형으로 출제가 유력한 부분이다. 형법적 쟁점과 형사소송법적 쟁점 – 특히 교통사고처리특례법과 관련한 보험특례 – 을 모두 기억해 두어야 한다.

29 재판장이 일단 주문을 낭독하여 선고 내용이 외부적으로 표시된 이상 재판서에 기재된 주문과 이유를 잘못 낭독하거나 설명하는 등 실수가 있거나 판결 내용에 잘못이 있음이 발견된 경우와 같이 특별한 사정이 있는 경우에 변경 선고가 허용된다. O | X

판결요지

[1] 형사소송법은 재판장이 판결을 선고함에는 주문을 낭독하고 이유의 요지를 설명하여야 하고(제43조 후문), 형을 선고하는 경우에는 피고인에게 상소할 기간과 상소할 법원을 고지하여야 한다고 정한다(제324조). 형사소송규칙은 재판장은 판결을 선고할 때 피고인에게 이유의 요지를 말이나 판결서 등본 또는 판결서 초본의 교부 등 적절한 방법으로 설명하고, 판결을 선고하면서 피고인에게 적절한 훈계를 할 수 있으며(제147조), 재판장은 판결을 선고하면서 피고인에게 형법 제59조의2, 형법 제62조의2의 규정에 의하여 보호관찰, 사회봉사 또는 수강을 명하는 경우에는 그 취지 및 필요하다고 인정하는 사항이 적힌 서면을 교부하여야 한다고 정한다(제147조의2 제1항).

이러한 규정 내용에 비추어 보면, 판결 선고는 전체적으로 하나의 절차로서 재판장이 판결의 주문을 낭독하고 이유의 요지를 설명한 다음 피고인에게 상소기간 등을 고지하고, 필요한 경우 훈계, 보호관찰 등 관련 서면의 교부까지 마치는 등 선고절차를 마쳤을 때에 비로소 종료된다. 재판장이 주문을 낭독한 이후라도 선고가 종료되기 전까지는 일단 낭독한 주문의 내용을 정정하여 다시 선고할 수 있다. 그러나 판결 선고절차가 종료되기 전이라도 변경 선고가 무제한 허용된다고 할 수는 없다. 재판장이 일단 주문을 낭독하여 선고 내용이 외부적으로 표시된 이상 재판서에 기재된 주문과 이유를 잘못 낭독하거나 설명하는 등 실수가 있거나 판결 내용에 잘못이 있음이 발견된 경우와 같이 특별한 사정이 있는 경우에 변경 선고가 허용된다.

[2] 제1심 재판장이 선고기일에 법정에서 '피고인을 징역 1년에 처한다.'는 주문을 낭독한 뒤 상소기간 등에 관한 고지를 하던 중 피고인이 '재판이 개판이야, 재판이 뭐 이 따위야.' 등의 말과 욕설을 하면서 난동을 부려 교도관이 피고인을 제압하여 구치감으로 끌고 갔는데, 제1심 재판장은 그 과정에서 피고인에게 원래 선고를 듣던 자리로 돌아올 것을 명하였고, 법정경위가 구치감으로 따라 들어가 피고인을 다시 법정으로 데리고 나오자, 제1심 재판장이 피고인에게 '선고가 아직 끝난 것이 아니고 선고가 최종적으로 마무리되기까지 이 법정에서 나타난 사정 등을 종합하여 선고형을 정정한다.'는 취지로 말하며 징역 3년을 선고한 사안에서, 위 변경 선고는 최초 낭독한 주문 내용에 잘못이 있다거나 재판서에 기재된 주문과 이유를 잘못 낭독하거나 설명하는 등 변경 선고가 정당하다고 볼 만한 특별한 사정이 발견되지 않으므로 위법하고, 피고인이 난동을 부린 것은 제1심 재판장이 징역 1년의 주문을 낭독한 이후의 사정이며, 제1심 재판장은 선고절차 중 피고인의 행동을 양형에 반영해야 한다는 이유로 이미 주문으로 낭독한 형의 3배에 해당하는 징역 3년으로 선고형을 변경하였는데, 선고기일에 피고인의 변호인이 출석하지 않았고, 피고인은 자신의 행동이 양형에 불리하게 반영되는 과정에서 어떠한 방어권도 행사하지 못하였다는 이유로, 이와 달리 보아 제1심 선고절차에 아무런 위법이 없다고 판단한 원심판결에 판결 선고절차와 변경 선고의 한계에 관한 법리오해의 잘못이 있다 (대판 2022.5.13. 2017도3884). **정답 | O**

30　이미 선고된 판결의 내용을 실질적으로 변경하는 판결서 경정은 허용되지 않으며, 판결 주문에 기재하지 아니하고 판결 이유에만 기재한 경정결정의 효력은 무효이다.　　　　O | X

법원은 '재판서에 잘못된 계산이나 기재, 그 밖에 이와 비슷한 잘못이 있음이 분명한 때'에는 경정결정을 통하여 위와 같은 재판서의 잘못을 바로잡을 수 있다(형사소송규칙 제25조 제1항). 그러나 이미 선고된 판결의 내용을 실질적으로 변경하는 것은 위 규정에서 예정하고 있는 경정의 범위를 벗어나는 것으로서 허용되지 않는다. 그리고 경정결정은 이를 주문에 기재하여야 하고, 판결 이유에만 기재한 경우 경정결정이 이루어졌다고 할 수 없다(대판 2021.1.28. 2017도18536).　　　**정답 | O**

재판의 확정과 효력(기판력 등)

★★
31　판례에 의할 때 다음 기술의 옳고 그름을 판단하라.

(1) 유죄의 확정판결 등에 대해 재심개시결정이 확정된 후 재심심판절차가 진행 중이라는 것만으로는 확정판결의 존재 내지 효력을 부정할 수 없고, 재심개시결정이 확정되어 법원이 그 사건에 대해 다시 심리를 한 후 재심의 판결을 선고하고 그 재심판결이 확정된 때에 종전의 확정판결이 효력을 상실한다.　　　　O | X

(2) 재심심판절차에서는 특별한 사정이 없는 한 검사가 재심대상사건과 별개의 공소사실을 추가하는 내용으로 공소장을 변경하는 것은 허용되지 않고, 재심대상사건에 일반 절차로 진행 중인 별개의 형사사건을 병합하여 심리하는 것도 허용되지 않는다.　　　　O | X

(3) 상습범으로 유죄의 확정판결을 받은 사람이 그 후 동일한 습벽에 의해 후행범죄를 저질렀는데 유죄의 확정판결에 대하여 재심이 개시된 경우, 동일한 습벽에 의한 후행범죄가 재심대상판결에 대한 재심판결 선고 전에 범하여졌다면 재심판결의 기판력이 후행범죄에 미친다.　　　　O | X

(4) 유죄의 확정판결을 받은 사람이 그 후 별개의 후행범죄를 저질렀는데 유죄의 확정판결에 대하여 재심이 개시된 경우, 후행범죄가 재심대상판결에 대한 재심판결 확정 전에 범하여졌다면 아직 판결을 받지 아니한 후행범죄와 재심판결이 확정된 선행범죄 사이에 형법 제37조 후단에서 정한 경합범 관계가 성립한다.　　　　O | X

[다수의견] ① 재심 개시 여부를 심리하는 절차의 성질과 판단 범위, 재심개시결정의 효력 등에 비추어 보면, 유죄의 확정판결 등에 대해 재심개시결정이 확정된 후 재심심판절차가 진행 중이라는 것만으로는 확정판결의 존재 내지 효력을 부정할 수 없고, 재심개시결정이 확정되어 법원이 그 사건에 대해 다시 심리를 한 후 재심의 판결을 선고하고 그 재심판결이 확정된 때에 종전의 확정판결이 효력을 상실한다.
재심의 취지와 특성, 형사소송법의 이익재심 원칙과 재심심판절차에 관한 특칙 등에 비추어 보면, 재심심판절차에서는 특별한 사정이 없는 한 검사가 재심대상사건과 별개의 공소사실을 추가하는 내용으로 공소장을 변경하는 것은 허용되지 않고, 재심대상사건에 일반 절차로 진행 중인 별개의 형사사건을 병합하여 심리하는 것도 허용되지 않는다.

② 상습범으로 유죄의 확정판결(이하 앞서 저질러 재심의 대상이 된 범죄를 '선행범죄'라 한다)을 받은 사람이 그 후 동일한 습벽에 의해 범행을 저질렀는데(이하 뒤에 저지른 범죄를 '후행범죄'라 한다) 유죄의 확정판결에 대하여 재심이 개시된 경우, 동일한 습벽에 의한 후행범죄가 재심대상판결에 대한 재심판결 선고 전에 저질러진 범죄라 하더라도 재심판결의 기판력이 후행범죄에 미치지 않는다. 재심심판절차에서 선행범죄, 즉 재심대상판결의 공소사실에 후행범죄를 추가하는 내용으로 공소장을 변경하거나 추가로 공소를 제기한 후 이를 재심대상사건에 병합하여 심리하는 것이 허용되지 않으므로 재심심판절차에서는 후행범죄에 대하여 사실심리를 할 가능성이 없다. 또한 재심심판절차에서 재심개시결정의 확정만으로는 재심대상판결의 효력이 상실되지 않으므로 재심대상판결은 확정판결로서 유효하게 존재하고 있고, 따라서 재심대상판결을 전후하여 범한 선행범죄와 후행범죄의 일죄성은 재심대상판결에 의하여 분단되어 동일성이 없는 별개의 상습범이 된다. 그러므로 선행범죄에 대한 공소제기의 효력은 후행범죄에 미치지 않고 선행범죄에 대한 재심판결의 기판력은 후행범죄에 미치지 않는다. 만약 재심판결의 기판력이 재심판결의 선고 전에 선행범죄와 동일한 습벽에 의해 저질러진 모든 범죄에 미친다고 하면, 선행범죄에 대한 재심대상판결의 선고 이후 재심판결 선고 시까지 저지른 범죄는 동시에 심리할 가능성이 없었음에도 모두 처벌할 수 없다는 결론에 이르게 되는데, 이는 처벌의 공백을 초래하고 형평에 반한다.
③ 유죄의 확정판결을 받은 사람이 그 후 별개의 후행범죄를 저질렀는데 유죄의 확정판결에 대하여 재심이 개시된 경우, 후행범죄가 재심대상판결에 대한 재심판결 확정 전에 범하여졌다 하더라도 아직 판결을 받지 아니한 후행범죄와 재심판결이 확정된 선행범죄 사이에는 형법 제37조 후단에서 정한 경합범 관계(이하 '후단 경합범'이라 한다)가 성립하지 않는다.
재심판결이 후행범죄 사건에 대한 판결보다 먼저 확정된 경우에 후행범죄에 대해 재심판결을 근거로 후단 경합범이 성립한다고 하려면 재심심판법원이 후행범죄를 동시에 판결할 수 있었어야 한다. 그러나 아직 판결을 받지 아니한 후행범죄는 재심심판절차에서 재심대상이 된 선행범죄와 함께 심리하여 동시에 판결할 수 없었으므로 후행범죄와 재심판결이 확정된 선행범죄 사이에는 후단 경합범이 성립하지 않고, 동시에 판결할 경우와 형평을 고려하여 그 형을 감경 또는 면제할 수 없다.
재심판결이 후행범죄에 대한 판결보다 먼저 확정되는 경우에는 재심판결을 근거로 형식적으로 후행범죄를 판결확정 전에 범한 범죄로 보아 후단 경합범이 성립한다고 하면, 선행범죄에 대한 재심판결과 후행범죄에 대한 판결 중 어떤 판결이 먼저 확정되느냐는 우연한 사정에 따라 후단 경합범 성립이 좌우되는 형평에 반하는 결과가 발생한다.
[참고 : 대법관 김재형, 대법관 이동원의 반대의견] ① 재심절차는 특별소송절차이기는 하지만, 특별소송으로서의 성격은 재심개시결정이 확정되기 전까지 뚜렷하게 드러나는 반면 재심개시결정이 확정되어 다시 심판하는 단계와 재심판결의 효력에서는 일반 절차와 다르지 않다.
재심개시결정이 확정된 후 재심심판절차에서도 일반 절차의 해당 심급에서 허용되는 소송행위를 할 수 있다고 보는 이상, 재심사건에 다른 사건의 공소사실을 추가하는 공소장변경이나 다른 일반 사건을 병합하여 함께 심판하는 것도 허용된다. 형사소송법은 재심의 청구는 원판결의 법원이 관할한다고 규정하고 있을 뿐(제423조) 공소장변경이나 병합심리를 금지하는 명문의 규정을 두고 있지 않기 때문이다.
② 선행하는 상습범죄에 대하여 재심대상판결을 받은 사람이 그 후 동일한 상습성에 기하여 후행범죄를 저질렀는데, 재심대상판결에 대하여 재심개시결정이 확정되고 양 사건이 병합심리되지 아니한 채 재심판결이 먼저 선고되어 확정되었다면 그 기판력은 후행범죄 사건에 미친다고 보아야 한다.
③ 재심대상판결을 받은 사람이 그 후 별개의 후행범죄를 저질렀는데 재심대상판결에 대하여 재심개시결정이 확정되고 재심판결이 먼저 선고되어 확정된 경우 재심심판절차에서 후행범죄 사건을 함께 심리하여 판결할 수 있었다면, 아직 판결을 받지 아니한 후행범죄와 이미 확정된 재심판결의 선행범죄 사이에는 후단 경합범이 성립한다(대판(전) 2019.6.20. 2018도20698).

정답 I (1) ○, (2) ○, (3) ×, (4) ×

[1] 재심의 대상이 된 범죄(이하 '선행범죄'라 한다)에 관한 유죄 확정판결(이하 '재심대상판결'이라 한다)에 대하여 재심이 개시되어 재심판결에서 다시 금고 이상의 형이 확정되었다면, 재심대상판결 이전 범죄와 재심대상판결 이후 범죄 사이에는 형법 제37조 전단의 경합범 관계가 성립하지 않으므로, 그 각 범죄에 대해 별도로 형을 정하여 선고하여야 한다.

[2] 다만 이러한 결론은 재심판결이 확정되더라도 재심대상판결이 여전히 유효하다거나 선행범죄에 대하여 두 개의 확정판결이 인정된다는 의미는 아니다. 재심판결이 '금고 이상의 형에 처한 판결'에 해당하는 경우, 재심대상판결 이전 범죄는 선행범죄와 형법 제37조 후단 경합범 관계에 해당하므로 하나의 형이 선고되어야 하고, 그렇지 않은 재심대상판결 이후 범죄에 대하여는 별도의 형이 선고되어야 한다는 의미일 뿐이다.

[3] 한편 재심대상판결이 '금고 이상의 형에 처한 판결'이었더라도, 재심판결에서 무죄 또는 금고 미만의 형이 확정된 경우에는, 재심대상판결 이전 범죄가 더 이상 '금고 이상의 형에 처한 판결'의 확정 이전에 범한 죄에 해당하지 않아 선행범죄와 사이에 형법 제37조 후단 경합범에 해당하지 않는다. 이 경우에는 재심대상판결 이전 범죄와 재심대상판결 이후 범죄 중 어느 것도 이미 재심판결이 확정된 선행범죄와 사이에 형법 제37조 후단 경합범 관계에 있지 않아 형법 제37조 전단의 '판결이 확정되지 아니한 수 개의 죄'에 해당하므로, 형법 제38조의 경합범 가중을 거쳐 하나의 형이 선고되어야 한다(대판 2023.11.16. 2023도10545).

★★★
32 포괄일죄 관계인 범행의 일부에 대하여 판결이 확정되거나 약식명령이 확정되었는데 그 사실심 판결선고 시 또는 약식명령 발령 시를 기준으로 그 이전에 이루어진 범행이 포괄일죄의 일부에 해당할 뿐만 아니라 그와 상상적 경합관계에 있는 다른 죄에도 해당하는 경우에는 확정된 판결 내지 약식명령의 기판력은 위와 같이 상상적 경합관계에 있는 다른 죄에 대하여도 미친다.

O | X

판결요지

포괄일죄 관계인 범행의 일부에 대하여 판결이 확정된 경우에는 사실심 판결선고 시를 기준으로, 약식명령이 확정된 경우에는 약식명령 발령 시를 기준으로, 그 이전에 이루어진 범행에 대하여는 확정판결의 기판력이 미친다. 또한 상상적 경합범 중 1죄에 대한 확정판결의 기판력은 다른 죄에 대하여도 미친다. 따라서 포괄일죄 관계인 범행의 일부에 대하여 판결이 확정되거나 약식명령이 확정되었는데 그 사실심 판결선고 시 또는 약식명령 발령 시를 기준으로 그 이전에 이루어진 범행이 포괄일죄의 일부에 해당할 뿐만 아니라 그와 상상적 경합관계에 있는 다른 죄에도 해당하는 경우에는 확정된 판결 내지 약식명령의 기판력은 위와 같이 상상적 경합관계에 있는 다른 죄에 대하여도 미친다(대판 2023.6.29. 2020도3705).

정답 | O

제6편

상소 · 비상구제절차 · 특별절차

상소 통칙

01
피고인이 공판기일에 출석하지 아니한 때에는 특별한 규정이 없으면 개정하지 못하는 것이 원칙이고, 예외적으로 제1심 공판절차에서 피고인 불출석 상태에서의 재판이 허용되지만, 이는 피고인에게 공판기일 소환장이 적법하게 송달되었음을 전제로 하기 때문에 공시송달에 의한 소환을 함에 있어서도 공시송달 요건의 엄격한 준수가 요구된다.   O | X

판결요지

[1] 형사소송법 제345조의 상소권회복청구는 자기 또는 대리인이 책임질 수 없는 사유로 상소 제기기간 내에 상소를 하지 못한 경우에만 청구할 수 있다. 형사피고사건으로 법원에 재판이 계속 중인 사람은 공소제기 당시의 주소지나 그 후 신고한 주소지를 옮길 때 새로운 주소지를 법원에 신고하거나 기타 소송 진행 상태를 알 수 있는 방법을 강구하여야 하고, 만일 이러한 조치를 하지 않았다면 특별한 사정이 없는 한 소송서류가 송달되지 않아서 공판기일에 출석하지 못하거나 판결 선고사실을 알지 못하여 상소 제기기간을 도과하는 등 불이익을 면할 수 없다.

[2] 피고인이 재판이 계속 중인 사실을 알면서도 새로운 주소지 등을 법원에 신고하는 등 조치를 하지 않아 소환장이 송달불능되었더라도, 법원은 기록에 주민등록지 이외의 주소가 나타나 있고 피고인의 집 전화번호 또는 휴대전화번호 등이 나타나 있는 경우에는 위 주소지 및 전화번호로 연락하여 송달받을 장소를 확인하여 보는 등의 시도를 해 보아야 하고, 그러한 조치 없이 곧바로 공시송달 방법으로 송달하는 것은 형사소송법 제63조 제1항, 소송촉진 등에 관한 특례법 제23조에 위배되어 허용되지 아니하는데, 이처럼 허용되지 아니하는 잘못된 공시송달에 터 잡아 피고인의 진술 없이 공판이 진행되고 피고인이 출석하지 않은 기일에 판결이 선고된 경우에는, 피고인은 자기 또는 대리인이 책임질 수 없는 사유로 상소 제기기간 내에 상소를 하지 못한 것으로 봄이 타당하다.

민사소송과 달리 형사소송에서는, 피고인이 공판기일에 출석하지 아니한 때에는 특별한 규정이 없으면 개정하지 못하는 것이 원칙이고(형사소송법 제276조), 소송촉진 등에 관한 특례법 제23조, 소송촉진 등에 관한 특례규칙 제19조에 의하여 예외적으로 제1심 공판절차에서 피고인 불출석 상태에서의 재판이 허용되지만, 이는 피고인에게 공판기일 소환장이 적법하게 송달되었음을 전제로 하기 때문에 공시송달에 의한 소환을 함에 있어서도 공시송달 요건의 엄격한 준수가 요구된다(대결 2022.5.26. 2022모439).

정답 | O

02 상소권회복청구 사건을 심리하는 법원은 상소권회복청구 대상이 되는 재판에 대하여 이미 적법한 상소가 제기되었는지 또는 상소심재판이 있었는지 등을 본안기록 등을 통하여 확인해야 한다.

O | X

상소권회복은 상소권자가 자기 또는 대리인이 책임질 수 없는 사유로 인하여 상소의 제기기간 내에 상소를 하지 못한 경우에 한하여 청구할 수 있으므로(형사소송법 제345조), 재판에 대하여 적법하게 상소를 제기한 자는 다시 상소권회복을 청구할 수 없다. 제1심판결에 대하여 피고인 또는 검사가 항소하여 항소심판결이 선고되면 상고법원으로부터 사건이 환송되는 경우 등을 제외하고는 항소법원이 다시 항소심 소송절차를 진행하여 판결을 선고할 수 없으므로, 항소심판결이 선고되면 제1심판결에 대하여 당초 항소하지 않았던 자의 항소권회복청구도 적법하다고 볼 수 없다. 따라서 항소심판결이 선고된 사건에 대하여 제기된 항소권회복청구는 항소권회복청구의 원인에 대한 판단에 나아갈 필요 없이 형사소송법 제347조 제1항에 따라 결정으로 이를 기각하여야 한다. 상소권회복청구 사건을 심리하는 법원은 상소권회복청구 대상이 되는 재판에 대하여 이미 적법한 상소가 제기되었는지 또는 상소심재판이 있었는지 등을 본안기록 등을 통하여 확인해야 한다(대결 2023.4.27. 2023모350).

정답 | O

일부상소

불이익변경금지원칙

★★★
03 판례에 의할 때 다음 기술의 옳고 그름을 판단하라.

(1) 피고인만이 상소한 사건에서 상소심이 원심법원이 인정한 범죄사실의 일부를 무죄로 인정하면서도 피고인에 대하여 원심법원과 동일한 형을 선고한 것은 불이익변경금지 원칙에 위배된다.

O | X

(2) 피고인만의 상고에 의한 상고심에서 원심판결을 파기하고 사건을 항소심에 환송한 경우, 불이익변경금지원칙상 환송 후 원심법원은 파기된 환송 전 원심판결보다 중한 형을 선고할 수 없다.

O | X

[1] '불이익변경의 금지'에 관한 형사소송법 제368조에서 피고인이 항소한 사건과 피고인을 위하여 항소한 사건에 대하여는 원심판결의 형보다 중한 형을 선고하지 못한다고 규정하고 있고, 위 법률조항은 형사소송법 제399조에 의하여 상고심에도 준용된다. 위 법률조항의 문언이 '원심판결의 형보다 중한 형'으로의 변경만을 금지하고 있을 뿐이고, 상소심은 원심법원이 형을 정함에 있어서 전제로 삼았던 사정이나 견해에 반드시 구속되는 것은 아닌 점 등에 비추어 보면, 피고인만이 상소한 사건에서 상소심이 원심법원이 인정한 범죄사실의 일부를 무죄로 인정하면서도 피고인에 대하여 원심법원과 동일한 형을 선고하였다고 하여 그것이 불이익변경금지원칙을 위반하였다고 볼 수 없다.

[2] 피고인만의 상고에 의한 상고심에서 원심판결을 파기하고 사건을 항소심에 환송한 경우 불이익변 경금지원칙은 환송 전 원심판결과의 관계에서도 적용되어 환송 후 원심법원은 파기된 환송 전 원심 판결보다 중한 형을 선고할 수 없다(대판 2021.5.6. 2021도1282).

[판결이유] 환송 전 원심판결이 배임 부분과 사기 부분에 대하여 징역 4년을 선고하였고, 이에 대하여 피고인만 상고한 결과 상고심에서 원심판결 중 위 각 부분을 파기하고 그 부분 사건을 항소심에 환 송한다는 판결이 선고되었으며, 환송 후 원심은 파기환송의 취지에 따라 배임 부분을 무죄로 판단하 고 나머지 사기 부분만 유죄로 판단하면서 이에 대하여 환송 전 원심판결과 동일한 징역 4년을 선고 하였다. 환송 전 원심판결보다 중한 형을 선고하지 않은 이상, 위와 같은 환송 후 원심의 판단에 불 이익변경금지 원칙을 위반하거나 환송판결의 기속력에 관한 법리를 오해한 잘못이 없다.

정답 | (1) ×, (2) ○

항 소

★
04 형사소송법 제364조의2는 항소법원이 피고인을 위하여 원심판결을 파기하는 경우에 파기의 이유 가 항소한 공동피고인에게 공통되는 때에는 그 공동피고인에 대하여도 원심판결을 파기하여야 함 을 규정하였는데, 이는 공동피고인 상호 간의 재판의 공평을 도모하려는 취지이다. 이와 같은 형 사소송법 제364조의2의 규정 내용과 입법 목적·취지를 고려하면, 위 조항에서 정한 '항소한 공동 피고인'은 제1심의 공동피고인으로서 자신이 항소한 경우는 물론 그에 대하여 검사만 항소한 경우 까지도 포함한다. O | X

판결요지

(대판 2022.7.28. 2021도10579)❶ 정답 | ○

★★
05 항소심에서 국선변호인선정결정을 한 후 국선변호인에게 소송기록접수통지서 등을 송달하고, 제1 심에서 송달영수인으로 신고된 제1심 변호인의 사무소로 피고인 1에 대한 소송기록접수통지서 등 을 송달한 후, 피고인 1이 사선변호인을 선임하여 그 변호인 선임서를 원심에 제출하자 원심이 국 선변호인 선정을 취소하면서 사선변호인에게는 새로이 소송기록접수통지를 하지 않고 판결을 선 고한 경우 소송절차의 법령위반으로 인하여 판결에 영향을 미친 위법이 있다. O | X

판결요지

형사소송법 제65조에 의하여 준용되는 민사소송법 제183조 제1항, 제184조에 의하면, 송달은 송달받 을 사람의 주소·거소·영업소 또는 사무소 등의 송달장소에서 하여야 하고, 당사자·법정대리인 또 는 변호인은 주소 등 외의 장소를 송달받을 장소로 정하여 법원에 신고할 수 있으며, 이 경우에는 송달영수인을 정하여 신고할 수 있다. 송달영수인의 신고가 있으면 송달은 신고된 장소와 영수인에

---

❶ 형사소송법 제364조의2는 항소법원이 피고인을 위하여 원심판결을 파기하는 경우에 파기의 이유가 항소한 공동피고인에게 공통되는 때에는 그 공동피고인에 대하여도 원심판결을 파기하여야 함을 규정하였는데, 이는 공동피고인 상호 간의 재판의 공평을 도모하려는 취지이다.

게 하여야 하고, 송달영수인이 송달받은 때에 송달의 효력이 발생하나, 송달영수인 신고의 효력은 그 심급에만 미치므로, 상소 또는 이송을 받은 법원의 소송절차에서는 그 신고의 효력이 없다. 또한 항소법원이 기록의 송부를 받은 때에는 즉시 항소인과 상대방에게 그 사유를 통지하여야 하고, 그 통지 전에 변호인의 선임이 있는 때에는 변호인에게도 소송기록접수통지를 하여야 하며(형사소송법 제361조의2 제1항, 제2항), 항소인 또는 변호인은 그 통지를 받은 날부터 20일 이내에 항소이유서를 항소법원에 제출하여야 한다(제361조의3 제1항). 항소심의 구조는 피고인 또는 변호인이 법정기간 내에 제출한 항소이유서에 의하여 심판되는 것이므로 항소이유서 제출기간의 경과를 기다리지 않고는 항소사건을 심판할 수 없다(대판 2024.5.9. 2024도3298).

[사실관계] 항소심에서 국선변호인선정결정을 한 후 국선변호인에게 소송기록접수통지서 등을 송달하고, 제1심에서 송달영수인으로 신고된 제1심 변호인의 사무소로 피고인 1에 대한 소송기록접수통지서 등을 송달한 후, 피고인 1이 사선변호인을 선임하여 그 변호인 선임서를 원심에 제출하자 원심이 국선변호인 선정을 취소하면서 사선변호인에게는 새로이 소송기록접수통지를 하지 않은 사안임.

[판례해설] 대법원은 제1심 변호인의 사무소는 피고인의 주소·거소·영업소 또는 사무소 등의 송달장소가 아니고, 제1심에서 한 송달영수인 신고의 효력은 원심법원에 미치지 않으므로, 피고인 1에게 소송기록접수통지서가 적법하게 송달되었다고 볼 수 없으며, 이와 같이 피고인 1에 대한 적법한 소송기록접수통지가 이루어지지 않은 상태에서 사선변호인이 선임되고 국선변호인 선정이 취소되었으므로 원심으로서는 피고인 1과는 별도로 원심에서 선임된 변호인에게도 소송기록접수통지를 하여야 하는데, 그럼에도 원심은 피고인 1에 대한 적법한 소송기록접수통지가 이루어지지 않은 상태에서 원심에서 선임된 변호인에게도 소송기록접수통지를 하지 아니한 채 판결을 선고하였으므로, 소송절차의 법령위반으로 인하여 판결에 영향을 미친 위법이 있다는 이유로 원심을 파기·환송함.

정답 | ○

상 고

06 검사가 상고한 경우에는 상고법원에 대응하는 검찰청 소속 검사가 소송기록접수통지를 받은 날로부터 20일 이내에 그 이름으로 상고이유서를 제출하여야 한다. 다만 상고를 제기한 검찰청 소속 검사가 그 이름으로 상고이유서를 제출하여도 유효한 것으로 취급되지만, 이 경우 상고를 제기한 검찰청이 있는 곳을 기준으로 법정기간인 상고이유서 제출기간이 형사소송법 제67조에 따라 연장될 수 없다. 이러한 법리는 군검사가 상고한 경우에도 마찬가지로 적용된다. ○ | X

판결요지

원심법원에 대응하는 해군검찰단 고등검찰부 소속 군검사가 상고를 제기하였고, 이 법원이 대검찰청 소속 검사에게 소송기록접수통지를 하여 2022. 12. 27. 송달되었는데, 상고를 제기한 해군검찰단 고등검찰부 소속 군검사는 상고이유서 제출기간이 지난 2023. 1. 17. 상고이유서를 제출하였으며, 상고장에도 구체적인 불복이유를 기재하지 않았다. 그러므로 군사법원법 제450조 제2항, 형사소송법 제380조 제1항에 따라 상고를 기각하기로 하여, 관여 대법관의 일치된 의견으로 주문과 같이 결정한다(대결 2023.4.21. 2022도16568).

정답 | ○

비약적 상고

★★★
07
제1심판결에 대하여 피고인은 비약적 상고를, 검사는 항소를 각각 제기하여 이들이 경합한 경우 피고인의 비약적 상고에 상고의 효력이 인정되지는 않더라도, 피고인의 비약적 상고가 항소기간 준수 등 항소로서의 적법요건을 모두 갖추었고, 피고인이 자신의 비약적 상고에 상고의 효력이 인정되지 않는 때에도 항소심에서는 제1심판결을 다툴 의사가 없었다고 볼 만한 특별한 사정이 없다면, 피고인의 비약적 상고에 항소로서의 효력이 인정된다고 보아야 한다.   O | X

판결요지

[1] 제1심판결에 대하여 피고인은 비약적 상고를, 검사는 항소를 각각 제기하여 이들이 경합한 경우 피고인의 비약적 상고에 상고의 효력이 인정되지는 않더라도, 피고인의 비약적 상고가 항소기간 준수 등 항소로서의 적법요건을 모두 갖추었고, 피고인이 자신의 비약적 상고에 상고의 효력이 인정되지 않는 때에도 항소심에서는 제1심판결을 다툴 의사가 없었다고 볼 만한 특별한 사정이 없다면, 피고인의 비약적 상고에 항소로서의 효력이 인정된다고 보아야 한다. 구체적인 이유는 다음과 같다.

(1) 형사소송법은 피고인의 비약적 상고와 검사의 항소가 경합한 경우 피고인의 비약적 상고는 상고의 효력이 없다는 취지로 규정하고 있을 뿐, 피고인의 비약적 상고에 항소로서의 효력을 인정할 수 있는지에 관해서는 명문의 규정을 두고 있지 않다. 또한 형사소송법 제373조의 취지는 당사자 일방의 비약적 상고로 상대방이 심급의 이익을 잃지 않도록 하고 아울러 동일 사건이 항소심과 상고심에 동시에 계속되는 것을 막기 위하여 당사자 일방의 비약적 상고가 있더라도 항소심을 진행한다는 것이다.

(2) 피고인은 비약적 상고를 제기함으로써 제1심판결에 불복하는 상소를 제기할 의사를 명확하게 표시한 것으로 볼 수 있다. 비약적 상고를 제기한 피고인에게 가장 중요하고 본질적인 의사는 제1심판결에 대한 '불복의사' 또는 '상소의사'이고, 이러한 의사는 절차적으로 존중되어야 한다. 항소와 비약적 상고 사이에 불복사유와 심급의 차이는 있지만 이러한 차이점을 들어 가장 중요하고 본질적인 부분인 피고인의 '불복의사' 자체에 아무런 효력을 인정하지 않는 것은 타당하지 않다. 특히 피고인이 제기한 비약적 상고의 효력이 상실되고 항소심에서 재판이 진행되는 것은 피고인의 의사나 책임과는 무관한 검사의 일방적 조치에 따른 결과이다. 피고인의 항소심급 포기의사는 비약적 상고절차가 진행되는 것을 당연한 전제로 하므로, 이를 검사의 항소로 항소심이 진행되는 상황에서까지 항소심급에서의 불복을 포기한다는 의사로 해석할 수 없다.

(3) 피고인의 비약적 상고에 상고의 효력이 상실되는 것을 넘어 항소로서의 효력까지도 부정된다면 피고인의 헌법상 기본권인 재판청구권이 지나치게 침해된다.

더욱이 피고인은 자신이 불복하려고 했던 제1심판결에 대한 항소심판결에 대해서도 대부분의 경우 적법한 상고를 제기할 수 없다. 검사의 항소를 기각한 항소심판결은 피고인에게 불이익한 판결이 아니어서 상고의 이익이 없으므로 상고권이 인정되지 않고(대판 2005.9.15. 2005도4866 등 참조), 검사의 양형부당 항소를 인용한 항소심판결에 대해서는 항소심의 심판대상이 되지 않은 사실오인이나 법령위반 등을 상고이유로 주장할 수 없다(대판(전) 2019.3.21. 2017도16593-1 등 참조). 요컨대, 종전 판례에 따를 경우 법원은 상소를 제기한 피고인을 제1심판결에 승복한 당사자와 마찬가지로 취급하여 상소심의 판단을 받을 수 있는 기회를 대부분 박탈하는 것이다. 이와 같은 결과는 피고인의 재판청구권의 본질적 부분을 침해하는 것으로서 용인하기 어렵다.

(4) 피고인의 비약적 상고와 검사의 항소가 경합한 경우 피고인의 비약적 상고에 항소로서의 효력을 인정하더라도 형사소송절차의 명확성과 안정성을 해치지 않는다.

[2] 이와 달리 피고인의 비약적 상고와 검사의 항소가 경합한 경우 피고인의 비약적 상고에 항소로서의 효력을 인정할 수 없다고 판시한 대법원 2005. 7. 8. 선고 2005도2967 판결, 대법원 2015. 9. 11. 자 2015도10826 결정, 대법원 2016. 9. 30. 자 2016도11358 결정, 대법원 2017. 7. 6. 자 2017도6216 결정을 비롯한 같은 취지의 대법원판결 및 결정들은 이 판결의 견해에 배치되는 범위 내에서 모두 변경하기로 한다.

[3] 이 사건 피고인은 제1심판결에 대하여 비약적 상고를 제기하였으나, 검사가 항소를 제기함으로써 비약적 상고에서 상고의 효력은 상실되었다. 그러나 피고인의 비약적 상고가 항소기간 내에 적법하게 제기되는 등 항소로서의 적법요건을 모두 갖추었고, 피고인이 비약적 상고에 상고의 효력이 인정되지 않는 경우에도 항소심에서는 제1심판결을 다툴 의사가 없었다고 볼 만한 특별한 사정도 보이지 아니한다. 그렇다면 원심으로서는 앞서 본 법리에 따라 피고인의 비약적 상고에 항소로서의 효력을 인정하여 피고인이 법정기간 내에 적법하게 제출한 항소이유에 관하여 심리·판단하였어야 했다. 그럼에도 원심은 피고인의 비약적 상고에 항소로서의 효력을 인정할 수 없다는 이유로 위와 같은 조치를 취하지 아니한 채 검사의 항소에 대해서만 판단하였다. 원심판결에는 피고인의 비약적 상고의 효력에 관한 법리를 오해함으로써 판결에 영향을 미친 잘못이 있고, 이를 지적하는 피고인의 상고이유는 이유 있다(대판(전) 2022.5.19. 2021도17131,2021전도170).　　　　　　　　　　　　　　정답 | ○

항고와 재항고

08 준항고인이 불복의 대상이 되는 압수 등에 관한 처분을 구체적으로 특정하기 어려운 사정이 있는 경우에는 법원은 석명권 행사 등을 통해 준항고인에게 불복하는 압수 등에 관한 처분을 특정할 수 있는 기회를 부여하여야 한다.　　　　　　　　　　　　　　ㅇ | x

판결요지

[1] 형사소송법은 수사기관의 압수·수색영장 집행에 대한 사후적 통제수단 및 피압수자의 신속한 구제절차로 준항고 절차를 마련하여 검사 또는 사법경찰관의 압수 등에 관한 처분에 대하여 불복이 있으면 처분의 취소 또는 변경을 구할 수 있도록 규정하고 있다(제417조). 피압수자는 준항고인의 지위에서 불복의 대상이 되는 압수 등에 관한 처분을 특정하고 준항고취지를 명확히 하여 청구의 내용을 서면으로 기재한 다음 관할법원에 제출하여야 한다(형사소송법 제418조). 다만 준항고인이 불복의 대상이 되는 압수 등에 관한 처분을 구체적으로 특정하기 어려운 사정이 있는 경우에는 법원은 석명권 행사 등을 통해 준항고인에게 불복하는 압수 등에 관한 처분을 특정할 수 있는 기회를 부여하여야 한다.

[2] 형사소송법 제417조에 따른 준항고 절차는 항고소송의 일종으로 당사자주의에 의한 소송절차와는 달리 대립되는 양 당사자의 관여를 필요로 하지 않는다. 따라서 준항고인이 불복의 대상이 되는 압수 등에 관한 처분을 한 수사기관을 제대로 특정하지 못하거나 준항고인이 특정한 수사기관이 해당 처분을 한 사실을 인정하기 어렵다는 이유만으로 준항고를 쉽사리 배척할 것은 아니다(대결 2023.1.12. 2022모1566).　　　　　　　　　　　　　　정답 | ○

09 가정폭력범죄의 처벌 등에 관한 특례법에 따른 가정보호처분 결정에 대한 항고에 형사소송법 제407조가 준용되지 않는다.　　　　　　　　　　　　　　　　　　　　　　　　　　　　O | X

10 재항고인은 2021. 4.경 서울중앙지방법원에서 상해죄 등으로 사회봉사명령이 부과된 징역 10월 및 집행유예 2년의 형을 선고받아 2021. 4. 21. 위 판결이 확정되었는데, 이 사건 집행유예 취소청구는 그로부터 약 1년 8개월 경과한 2022. 12.경 접수되어 제1심은 2023. 1.경 재항고인의 의견을 들은 다음 재항고인이 사회봉사명령을 이행하지 않는 등 사회봉사명령 대상자의 준수사항이나 명령을 위반하였고 그 위반의 정도가 무겁다는 이유로 위 집행유예의 선고를 취소하였다. 환송 전 원심은 2023. 2.경 즉시항고를 기각하였으나 재항고심은 2023. 3.경 환송 전 원심이 재항고인에게 소송기록접수통지서가 송달도 되기 전에 재항고인의 즉시항고를 기각한 것은 당사자에게 항고에 관하여 의견을 진술하고 유리한 증거를 제출할 기회를 부여한 것으로 볼 수 없다는 이유로 환송 전 원심결정을 파기하고 환송하였다. 환송 후 원심은 재항고인의 변호인에게 소송기록접수통지서를 송달한 다음 2023. 4. 6. 즉시항고 기각결정을 하였는데, 재항고인의 이 사건 재항고로 인하여 그 결정이 확정되지 않은 채 집행유예 기간이 만료된 날 재항고 법원에 이 사건 재항고기록이 접수되었다. 이 경우 형의 선고는 효력을 잃기 때문에 더 이상 집행유예의 선고를 취소할 수 없고 취소청구를 기각할 수밖에 없다.　　　　　　　　　　　　　　　　　　　　　　　　　　　　O | X

재 심

★★
11
징역형의 집행유예를 선고한 판결이 확정된 후 선고의 실효 또는 취소 없이 유예기간을 경과함에 따라 형 선고의 효력이 소멸되어 그 확정판결이 특정범죄 가중처벌 등에 관한 법률 제5조의4 제5항에서 정한 '징역형'에 해당하지 않음에도, 위 확정판결에 적용된 형벌 규정에 대한 위헌결정 취지에 따른 재심판결에서 다시 징역형의 집행유예가 선고·확정된 후 유예기간이 경과되지 않은 경우, 위 재심판결은 위 조항에서 정한 '징역형'에 포함된다. ○ | X

판결요지

특정범죄 가중처벌 등에 관한 법률(이하 '특정범죄가중법'이라 한다) 제5조의4 제5항은 "형법 제329조부터 제331조까지, 제333조부터 제336조까지 및 제340조·제362조의 죄 또는 그 미수죄로 세 번 이상 징역형을 받은 사람이 다시 이들 죄를 범하여 누범으로 처벌하는 경우에는 다음 각호의 구분에 따라 가중처벌한다."라고 규정하고, 같은 항 제1호는 "형법 제329조부터 제331조까지의 죄(미수범을 포함한다)를 범한 경우에는 2년 이상 20년 이하의 징역에 처한다."라고 규정한다. 징역형의 집행유예를 선고한 판결이 확정된 후 선고의 실효 또는 취소 없이 유예기간을 경과함에 따라 형 선고의 효력이 소멸되어 그 확정판결이 특정범죄가중법 제5조의4 제5항에서 정한 "징역형"에 해당하지 않음에도, 위 확정판결에 적용된 형벌 규정에 대한 위헌결정 취지에 따른 재심판결에서 다시 징역형의 집행유예가 선고·확정된 후 유예기간이 경과되지 않은 경우라면, 특정범죄가중법 제5조의4 제5항의 입법 취지에 비추어 위 재심판결은 위 조항에서 정한 "징역형"에 포함되지 아니한다. 그 이유는 다음과 같다. 특정범죄가중법 제5조의4 제5항 제1호는 동종 범행으로 세 번 이상 징역형을 받은 사람이 다시 누범기간 내에 범한 절도 범행의 불법성과 비난가능성을 무겁게 평가하여 징벌의 강도를 높여 범죄를 예방하여야 한다는 형사정책적 판단에 따른 것으로, 반복적으로 범행을 저지르는 절도범에 관한 법정형을 강화하기 위하여 새로운 구성요건을 창설한 것이다. 그런데 형의 집행을 유예하는 판결을 선고받아 선고의 실효 또는 취소 없이 유예기간을 도과함에 따라 특정범죄가중법 제5조의4 제5항의 구성요건인 "징역형"에 해당하지 않게 되었음에도, 그 확정판결에 적용된 형벌 규정에 대한 위헌결정에 따른 재심절차에서 다시 징역형의 집행유예가 선고되었다는 우연한 사정변경만으로 위 조항의 구성요건에 해당한다거나 그 입법 취지에 저촉되는 불법성·비난가능성이 새로 발생하였다고 볼 수는 없다. 만일 특정범죄가중법 제5조의4 제5항의 구성요건에 포함되지 않던 징역형의 집행유예 전과가 재심절차를 거쳤다는 이유만으로 특정범죄가중법 제5조의4 제5항의 "징역형"을 받은 경우에 포함된다면, 헌법에 위반된 형벌 규정으로 처벌받은 피고인으로 하여금 재심청구권의 행사를 위축시키게 되거나 검사의 청구로 인하여 재심절차가 개시된 피고인에게 예상치 못한 부당한 결과를 초래하게 될 것이고, 이로 인해 위헌 법령이 적용된 부당한 상태를 사실상 존속시키거나 이를 강제하게 될 여지도 있다(대판 2022.7.28. 2020도13705).

정답 | X

12 판례에 의할 때 다음 기술의 옳고 그름을 판단하라.

(1) 형벌에 관한 법률조항에 대하여 헌법재판소의 위헌결정이 선고되어 헌법재판소법 제47조에 따라 재심을 청구하는 경우 항소 또는 상고기각판결을 재심대상으로 삼은 재심청구는 법률상의 방식을 위반한 것으로 부적법하다. **O | X**

(2) 형사소송법은 재심청구 제기기간에 제한을 두고 있지 않으므로, 법률상의 방식을 위반한 재심청구라는 이유로 기각결정이 있더라도, 청구인이 이를 보정한다면 다시 동일한 이유로 재심청구를 할 수 있다. **O | X**

판결요지

[1] 형벌에 관한 법률조항에 대하여 헌법재판소의 위헌결정이 선고되어 헌법재판소법 제47조에 따라 재심을 청구하는 경우 그 재심사유는 형사소송법 제420조 제1호, 제2호, 제7호 어느 것에도 해당하지 않는다. 즉 형벌조항에 대하여 헌법재판소의 위헌결정이 있는 경우 헌법재판소법 제47조에 의한 재심은 원칙적인 재심대상판결인 제1심 유죄판결 또는 파기자판한 상급심판결에 대하여 청구하여야 한다. 제1심이 유죄판결을 선고하고, 그에 대하여 불복하였으나, 항소 또는 상고기각판결이 있었던 경우에 헌법재판소법 제47조를 이유로 재심을 청구하려면 재심대상판결은 제1심판결이 되어야 하고, 항소 또는 상고기각판결을 재심대상으로 삼은 재심청구는 법률상의 방식을 위반한 것으로 부적법하다.
[2] 민사항소심은 속심제를 취하고 있고, 민사소송법은 "항소심에서 사건에 관하여 본안판결을 하였을 때에는 제1심판결에 대하여 재심의 소를 제기하지 못한다."라고 규정하고 있다(제451조 제3항). 그러나 형사항소심은 속심이면서도 사후심으로서 성격을 가지고 있고, 헌법재판소법 제47조에 따라 '유죄 확정판결'에 대하여 재심을 청구하는 경우 준용되는 형사소송법은 원칙적인 재심대상판결을 '유죄 확정판결'로 규정하고 있는데(제420조), 항소 또는 상고기각판결은 그 확정으로 원심의 유죄판결이 확정되는 것이지 그 자체가 유죄판결은 아니기 때문에, 민사재심에서와 달리 보아야 한다. 한편 민사소송법은 원칙적으로 재심의 소 제기에 시간적 제한을 두고 있으나(제456조), 형사소송법은 재심청구 제기기간에 제한을 두고 있지 않으므로(형사소송법 제427조 참조), 법률상의 방식을 위반한 재심청구라는 이유로 기각결정이 있더라도, 청구인이 이를 보정한다면 다시 동일한 이유로 재심청구를 할 수 있다(대결 2022.6.16. 2022모509). **정답 | (1) O, (2) O**

13 당사자가 재심청구의 이유에 관한 사실조사신청을 한 경우 법원은 이 신청에 대하여는 재판을 할 필요가 없고, 설령 법원이 이 신청을 배척하였다고 하여도 당사자에게 이를 고지할 필요가 없다. **O | X**

판결요지

재심의 청구를 받은 법원은 필요하다고 인정한 때에는 형사소송법 제431조에 의하여 직권으로 재심청구의 이유에 대한 사실조사를 할 수 있으나, 소송당사자에게 사실조사신청권이 있는 것이 아니다.
그러므로 당사자가 재심청구의 이유에 관한 사실조사신청을 한 경우에도 이는 단지 법원의 직권발동을 촉구하는 의미밖에 없는 것이므로, 법원은 이 신청에 대하여는 재판을 할 필요가 없고, 설령 법원이 이 신청을 배척하였다고 하여도 당사자에게 이를 고지할 필요가 없다(대결 2021.3.12. 2019모3554). **정답 | O**

14 제주4·3사건진상규명및희생자명예회복위원회로부터 희생자 결정을 받지 않은 상태에서 형사소송법에 따른 재심을 청구하는 사건의 경우, 형사소송법 제423조가 적용되어 원판결의 법원이 관할권을 가진다.   O | X

4·3사건법 제14조는 제1조의 목적 달성을 위하여 형사소송법과 군사법원법상 재심의 예외적 제도로서 특별재심절차에 관하여 정하고 있는 조항이라는 점과 4·3사건법 제2조 제2호, 제14조 등 관련 규정의 문언 및 체계적 해석에 비추어 보면, 제14조 제3항에서 제주지방법원에 전속관할권을 인정한 사건은 제5조 제2항 제2호에 따라 위원회로부터 제주4·3사건의 희생자로 결정된 경우에 청구하는 제14조 제1항의 특별재심사건에 한정된다고 보아야 한다. 따라서 위원회로부터 희생자 결정을 받지 않은 상태에서 형사소송법에 따른 재심을 청구하는 사건에는 형사소송법 제423조가 적용되어 원판결의 법원이 관할권을 가진다(대결 2023.7.14. 2023모1121).   정답 | O

★
15 재심청구인은 재심청구를 취하할 수 있고, 재심법원이 재심판결을 선고한 이후에도 재심청구를 취하할 수 있다.   O | X

재심청구인은 형사소송법 제429조 제1항에 따라 재심청구를 취하할 수 있으나, 재심법원이 재심판결을 선고한 이후에는 재심청구의 취하가 허용되지 않는다. 그 이유는 다음과 같다.
형사소송절차에 있어서는 **법적 안정성과 형식적 확실성이 요구**되고, 절차유지의 원칙이 적용된다. 특히, 법원의 종국적 소송행위인 판결의 선고가 있는 경우 그 판결은 정식의 상소절차를 거쳐 상급심에서 번복되어 효력을 상실하기 전까지는 일응 정당한 것으로 추정되고, 판결을 선고한 법원 스스로도 그 판결을 취소·변경·철회할 수 없다. 마찬가지로, 당해 절차의 개시를 구한 당사자도 선고된 판결에 대하여 불복이 있는 경우 상소절차를 통하여 이를 다툴 수 있을 뿐, 절차 개시의 청구를 취소 내지 취하하는 방법으로 이미 선고된 판결의 효력을 소멸시킬 수는 없다고 보아야 한다(대판 2024.4.12. 2023도13707).   정답 | X

비상상고

16 상급심의 파기판결에 의해 효력을 상실한 재판은 형사소송법 제441조에 따른 비상상고의 대상이 될 수 없다.   O | X

형사소송법 제441조는 "검찰총장은 판결이 확정한 후 그 사건의 심판이 법령에 위반한 것을 발견한 때에는 대법원에 비상상고를 할 수 있다."라고 규정하고 있다. 상급심의 파기판결에 의해 효력을 상실한 재판의 법령위반 여부를 다시 심사하는 것은 무익할 뿐만 아니라, 법령의 해석·적용의 통일을 도모하려는 비상상고 제도의 주된 목적과도 부합하지 않는다. 따라서 상급심의 파기판결에 의해 효력을 상실한 재판은 위 조항에 따른 비상상고의 대상이 될 수 없다(대판 2021.3.11. 2019오1).

정답 | ○

17 법령을 적용하는 과정에서 전제가 되는 사실을 오인함에 따라 법령위반의 결과를 초래한 경우는 형사소송법이 정한 비상상고이유인 '그 사건의 심판이 법령에 위반한 때'에 해당하지 아니한다.

O | X

판결요지

비상상고 제도는 이미 확정된 판결에 대하여 법령 적용의 오류를 시정함으로써 법령의 해석·적용의 통일을 도모하려는 데에 그 목적이 있다. 형사소송법이 확정판결을 시정하는 또 다른 절차인 재심과는 달리, 비상상고의 이유를 심판의 법령위반에, 신청권자를 검찰총장에, 관할법원을 대법원에 각각 한정하여 인정하고(제441조), 비상상고 판결의 효력이 일정한 경우를 제외하고는 피고인에게 미치지 않도록 규정한 것도(제447조) 이러한 제도 본래의 의의와 기능을 고려하였기 때문이다.
형사소송법이 정한 비상상고이유인 '그 사건의 심판이 법령에 위반한 때'란 확정판결에서 인정한 사실을 변경하지 아니하고 이를 전제로 한 실체법의 적용에 관한 위법 또는 그 사건에서의 절차법상의 위배가 있는 경우를 뜻한다. 단순히 그 법령을 적용하는 과정에서 전제가 되는 사실을 오인함에 따라 법령위반의 결과를 초래한 것과 같은 경우에는 이를 이유로 비상상고를 허용하는 것이 법령의 해석·적용의 통일을 도모한다는 비상상고 제도의 목적에 유용하지 않으므로 '그 사건의 심판이 법령에 위반한 때'에 해당하지 않는다고 해석하여야 한다(대판 2021.3.11. 2018오2). 정답 | ○

약식절차

즉결심판절차

18 경찰서장이 범칙행위에 대하여 통고처분을 하였는데 통고처분에서 정한 범칙금 납부기간이 경과하지 아니한 경우, 원칙적으로 즉결심판을 청구할 수 없고, 검사도 동일한 범칙행위에 대하여 공소를 제기할 수 없다.

O | X

판결요지

경범죄 처벌법은 제3장에서 '경범죄 처벌의 특례'로서 범칙행위에 대한 통고처분(제7조), 범칙금의 납부(제8조, 제8조의2)와 통고처분 불이행자 등의 처리(제9조)를 정하고 있다. 경찰서장으로부터 범칙금 통고처분을 받은 사람은 통고처분서를 받은 날부터 10일 이내에 범칙금을 납부하여야 하고, 위 기간에 범칙금을 납부하지 않은 사람은 위 기간의 마지막 날의 다음 날부터 20일 이내에 통고받은 범칙금에 20/100을 더한 금액을 납부하여야 한다(제8조 제1항, 제2항). 경범죄 처벌법 제8조 제2항에 따른 납부기간에 범칙금을 납부하지 않은 사람에 대하여 경찰서장은 지체 없이 즉결심판을 청구하여야 하고(제9조 제1항 제2호), 즉결심판이 청구되더라도 그 선고 전까지 피고인이 통고받은 범칙금에 50/100을 더한 금액을 납부하고 그 증명서류를 제출하였을 경우에는 경찰서장은 즉결심판 청구를 취소하여야 한다(제9조 제2항). 이와 같이 통고받은 범칙금을 납부한 사람은 그 범칙행위에 대하여 다시 처벌받지 않는다(제8조 제3항, 제9조 제3항).

위와 같은 규정 내용과 통고처분의 입법 취지를 고려하면, 경범죄 처벌법상 범칙금제도는 범칙행위에 대하여 형사절차에 앞서 경찰서장의 통고처분에 따라 범칙금을 납부할 경우 이를 납부하는 사람에 대하여는 기소를 하지 않는 처벌의 특례를 마련해 둔 것으로 법원의 재판절차와는 제도적 취지와 법적 성질에서 차이가 있다. 또한 범칙자가 통고처분을 불이행하였더라도 기소독점주의의 예외를 인정하여 경찰서장의 즉결심판 청구를 통하여 공판절차를 거치지 않고 사건을 간이하고 신속·적정하게 처리함으로써 소송경제를 도모하되, 즉결심판 선고 전까지 범칙금을 납부하면 형사처벌을 면할 수 있도록 함으로써 범칙자에 대하여 형사소추와 형사처벌을 면제받을 기회를 부여하고 있다.

따라서 경찰서장이 범칙행위에 대하여 통고처분을 한 이상, 범칙자의 위와 같은 절차적 지위를 보장하기 위하여 통고처분에서 정한 범칙금 납부기간까지는 원칙적으로 경찰서장은 즉결심판을 청구할 수 없고, 검사도 동일한 범칙행위에 대하여 공소를 제기할 수 없다고 보아야 한다(대판 2020.4.29. 2017도13409). 나아가 특별한 사정이 없는 이상 경찰서장은 범칙행위에 대한 형사소추를 위하여 이미 한 통고처분을 임의로 취소할 수 없다(대판 2021.4.1. 2020도15194). 정답 ㅣ ○

| 관련판례 |

[1] 약식명령에 대한 정식재판의 청구는 서면으로 제출하여야 하고(형사소송법 제453조 제2항), 공무원 아닌 사람이 작성하는 서류에는 연월일을 기재하고 기명날인 또는 서명하여야 하고, 인장이 없으면 지장으로 한다(형사소송법 제59조). 따라서 정식재판청구서에 청구인의 기명날인 또는 서명이 없다면 법령상의 방식을 위반한 것으로서 그 청구를 결정으로 기각하여야 한다. 이는 정식재판의 청구를 접수하는 법원공무원이 청구인의 기명날인이나 서명이 없음에도 불구하고 이에 대한 보정을 구하지 아니하고 적법한 청구가 있는 것으로 오인하여 청구서를 접수한 경우에도 마찬가지이다. 그러나 법원공무원의 위와 같은 잘못으로 인하여 적법한 정식재판청구가 제기된 것으로 신뢰한 피고인이 그 정식재판청구기간을 넘기게 되었다면, 이때 피고인은 자기가 '책임질 수 없는 사유'로 청구기간 내에 정식재판을 청구하지 못한 때에 해당하여 정식재판청구권의 회복을 구할 수 있다.

[2] 약식명령을 송달받은 피고인의 모(母) 甲이 피고인을 위하여 정식재판청구서를 제출하면서 피고인과 甲의 성명만 기재하고 인장 또는 지장을 날인하거나 서명을 하지 않았음에도 법원공무원이 아무런 보정을 구하지 않은 채 이를 접수함에 따라 4개월 후 정식재판청구사건의 공판기일이 지정되었는데, 담당판사가 피고인 불출석으로 변론을 연기하면서 법정에 출석한 변호인과 甲에게 정식재판청구서가 법령상의 방식을 위반하였음을 설명하자, 甲이 같은 날 '적법한 정식재판청구가 제기된 것으로 알고 정식재판청구기간을 넘겼으므로, 피고인 또는 대리인이 책임질 수 없는 사유로 청구기간 내에 정식재판청구를 하지 못한 때에 해당한다.'는 취지로 주장하며 피고인을 위하여 정식재판청구권 회복청구를 한 사안에서, 피고인과 甲은 청구인의 날인 또는 서명이 없는 정식재판청구서를 적법한 것으로 오인하여 접수한 법원공무원의 잘못으로 적법한 정식재판청구가 제기된 것으로 신뢰한 채 정식재판청구기간을 넘긴 것이고, 이는 '피고인 또는 대리인이 책임질 수 없는 사유로 정식재판청구기간 내에 정식재판청구를 하지 못한 경우'에 해당하는데, 甲이 정식재판청구사건 담당판사의 설명으로 위와 같은 사정을 알게 된 날 정식재판청구권회복청구를 함으로써 '책임질 수 없는 사유가 해소된 날로부터 정식재판청구기간에 해당하는 기간 내에' 적법하게 정식재판청구권회복청구를 하였다는 이유로, 이와 달리 보아 정식재판청구권회복청구를 기각한 제1심의 결론을 그대로 유지한 원심결정에 법리오해의 잘못이 있다고 한 사례(대결 2023.2.13. 2022모1872).

형사보상

19 면소 또는 공소기각의 재판이 확정된 이후에 비로소 해당 형벌법령에 대하여 위헌·무효 판단이 있는 경우 등과 같이 면소 또는 공소기각의 재판이 확정된 이후에 무죄재판을 받을 만한 현저한 사유가 생겼다고 볼 수 있는 경우에는 해당 사유가 발생한 사실을 안 날부터 3년, 해당 사유가 발생한 때부터 5년 이내에 보상청구를 할 수 있다.

O | X

판결요지

형사보상 및 명예회복에 관한 법률(이하 '형사보상법'이라 한다) 제26조 제1항 제1호는 국가에 대하여 구금에 대한 보상을 청구할 수 있는 경우로 '형사소송법에 따라 면소 또는 공소기각의 재판을 받아 확정된 피고인이 면소 또는 공소기각의 재판을 할 만한 사유가 없었더라면 무죄재판을 받을 만한 현저한 사유가 있었을 경우'를 규정하고, 같은 조 제2항은 '제1항에 따른 보상에 대하여는 무죄재판을 받아 확정된 사건의 피고인에 대한 보상에 관한 규정을 준용한다.'고 규정한다. 형사보상법 제8조는 '보상청구는 무죄재판이 확정된 사실을 안 날부터 3년, 무죄재판이 확정된 때부터 5년 이내에 하여야 한다.'고 규정한다. 따라서 면소 또는 공소기각의 재판을 받아 확정되었으나, 그 면소 또는 공소기각의 사유가 없었더라면 무죄재판을 받을 만한 현저한 사유가 있음을 이유로 구금에 대한 보상을 청구하는 경우, 보상청구는 면소 또는 공소기각의 재판이 확정된 사실을 안 날부터 3년, 면소 또는 공소기각의 재판이 확정된 때부터 5년 이내에 하는 것이 원칙이다. 다만 면소 또는 공소기각의 재판이 확정된 이후에 비로소 해당 형벌법령에 대하여 위헌·무효 판단이 있는 경우 등과 같이 면소 또는 공소기각의 재판이 확정된 이후에 무죄재판을 받을 만한 현저한 사유가 생겼다고 볼 수 있는 경우에는 해당 사유가 발생한 사실을 안 날부터 3년, 해당 사유가 발생한 때부터 5년 이내에 보상청구를 할 수 있다(대결 2022.12.20. 2020모627).

정답 | O

성폭력범죄

부록

판례색인

MEMO

MEMO

MEMO